KRABBENFÄNGER

Günter Spurgat

KRABBENFÄNGER

Aus dem Leben einer
Husumer Fischerfamilie

Die Deutsche Nationalbibliothek verzeichnet diese Publikation in der Deutschen Nationalbibliografie; detaillierte bibliografische Daten sind im Internet über dnb.dnb.de abrufbar.

© 2019 Spurgat, Günter
3. überarbeitete und erweiterte Auflage
Alle Rechte vorbehalten

Herstellung und Verlag:
BoD – Books on Demand, Norderstedt

ISBN: 9783734796814

Printed in Germany

Inhalt

Vorwort 7

Wull du nu Fischer warn? 9

Krabbenfischerei 10
Die Nordsee-Krabbe 12

Familiengeschichte
Aufbruch 14
Kriegszeit 18
Neubeginn 21
Die vierte Generation 27
Am Westerende 32
Mutter 37
Urlaube in Bayern 39

Claus Laß III
Chronik eines Fischerlebens 42

Der Nachfolger
Erste Alleinfahrt 50
Ausbildung zum Fischer 53
Gespür für Krabben 56
Warten auf den Frühling 63

Aberglaube 65
Fangerfahrungen 66
Wetter 67

Bordalltag 68
Notfälle und Unfälle 69
Funkverkehr 71

Fischersfrau 72
Picknick und Kutterkorso 73
Der zweite Mann 75
Familie an Bord 77
Fischerball und Weihnachtsfeier 81
Krabbenhandel und -verarbeitung 82
Kein Nachfolger 87
Modernisierung 88

Ausstieg 92
Im Staatsdienst 94
Die letzte Fahrt 95
Amrum 96
Neuer Arbeitgeber 98
Wiedersehen 100
Sönke und Helmut 101
Ehrung 109
Fischen für ein Krabbenbrot 111

Danksagung 115
Bildnachweis 116
Anhang: Bilddokumente 117

Vorwort

Die kleine Hafenstadt Husum war mein Geburtsort. Aufgewachsen in einem nahe gelegenen Dorf, ahnte ich in meinen ersten Jahren nicht, dass ein großes Meer so nah liegt. Man hätte es riechen können. Unser Pastor lud eines Tages alle kleinen Kinder seiner Gemeinde, so auch mich, in einen Bus, ließ ihn nach St. Peter-Ording an den Strand fahren und zeigte uns das Meer. Zum ersten Mal sah ich dieNordsee, ihre Dimensionen und den weiten Himmel darüber. Es war eine Offenbarung. Später wurde ich vertraut mit meiner Geburtsstadt, mit dem Hafen und seinen Schiffen. Vor allem die Krabbenkutter faszinierten mich. Ihre spielzeughafte Erscheinung, ihre Decksaufbauten mit kleinen Ruderhäuschen, das in den Himmel ragende Fanggeschirr und ihr ruhiges, vom gleichmäßigem Tuckern ihrer Dieselmotoren begleitete Dahinziehen über das Meer. Die Männer an Bord dieser Schiffe stellte ich mir rauh, unerschrocken und wettergegerbt vor. Der Macht und Unberechenbarkeit des Meeres ausgesetzt, in einer aufregenden Welt da draußen, die uns Landbewohnern verborgen bleibt.

Kindliche Vorstellungen, die wohl wenig mit dem Leben der Fischer und ihrem Alltag an Bord der Kutter zu tun haben dürften.

Die Krabbenfischer sind eine aussterbende Spezies. Ihre Zahl ist in den letzten Jahrzehnten in allen deutschen Nordseehäfen, in denen ihre Flotten zu Hause sind, dramatisch gesunken. Zur Hochzeit der Krabbenfischerei war Husum der Heimathafen für nahezu fünfzig Kutter, heute sind es nicht mal mehr zehn.

Wie sieht ihr Leben an Bord, auf dem Meer, im Hafen und in der Familie aus, wie hat es sich zu früher verändert? Was wird aus Krabbenfischern, die ihren Beruf aufgeben? Was veranlasst sie zu diesem Schritt? Diesen Fragen wollte ich nachgehen und fand in dem Husumer Sönke Laß einen freimütigen Erzähler und sachkundigen Vertreter seines Berufsstandes. Er ist Nachkomme der wohl ältesten Husumer Krabbenfischerdynastie, deren Geschichte in Büsum begann und seit 1916 in Husum bis heute fortbesteht. Sönke Laß ist einer der letzten Fischer des großen Familienclans, der noch auf Krabbenfang geht. Sein Vater Claus Laß, bei dem er den Beruf erlernt und dessen Kutter er einst übernommen hat, war eine prägende Gestalt in der Familiengeschichte und findet daher auch einen angemessenen Platz in diesem Band.

Die Sprache der Krabbenfischer wird durch den Berufsalltag geprägt. Die Ansagen an Bord sind knapp. Schnelles Handeln ist wichtiger als langes Reden. In den zahlreichen Sitzungen, in denen Sönke Laß mir von seinem Leben und dem seiner Vorfahren erzählt, kommt diese Prägung in seiner direkten, schnörkellosen Sprache zum Ausdruck. Sie lässt seine Wesensart, seine Denkweise und seinen Humor durchscheinen - und den starken Einfluss des Vaters. Deshalb wollte ich möglichst viel seiner wörtliche Rede wiedergeben – erkennbar an der *kursiven* Schreibweise.

Günter Spurgat

Wull du nu Fischer warn?

fragt eines Tages Claus Laß, Krabbenfischer und Vater von sieben Kindern, seinen noch schulpflichtigen Sohn Sönke. Der versteht nicht, warum sein Vater ihn danach fragt, ist doch für ihn seit langem klar, dass er in die väterlichen Fußstapfen treten will. Schon als kleiner Junge ist Sönke in den Sommerferien fast täglich mit seinem Vater aufs Wattenmeer rausgefahren. Den ganzen Tag dauert so eine Fangfahrt. Und Sönke packt mit an wie ein Großer. Die Tide gibt vor, wann sie - der Vater, sein Helfer und sein Sohn - hinausfahren, und wann sie wieder im Hafen anlegen. Für Sönke gehört das Fischen zu seiner Kindheit und Jugend. Ihm gefällt die Arbeit auf dem Kutter, die spannenden Momente, wenn die Netze eingeholt werden und sich zeigt, ob's ein guter oder schlechter Fang ist. Die Tage auf dem Meer gleichen sich nie. Der Wind, seine Richtung und Stärke, die Farben des Himmels und des Wassers, und die Launen der Natur sind immer anders. Und natürlich das Fangergebnis, das die Stimmung an Bord hebt oder trübt.

Es ist ein ziemlich freies, durch wenige Regeln bestimmtes Leben, dass die selbständigen Krabbenfischer noch in den 1970er Jahren haben. Mit schwankendem, aber im Großen und Ganzen gutem Einkommen und durchaus nicht schlechten Zukunftsaussichten. Es ist also für Sönke keine Frage, welchen Beruf er ergreifen will. Und so mustert er nach der Volksschule im Dezember 1966 bei seinem Vater als Fischereilehrling an und setzt damit eine über mehrere Generationen währende Familientradition fort.

Die Krabbenfischerei

An der Nordseeküste erstmals erwähnt wird der gezielte Fang von Krabben schon 1624. Zum Einsatz kommen an einem Holzstab befestigte Netze (regional unterschiedlich als Gliep, Puk oder Jall bezeichnet), die bei Ebbe von Hand über den Prielboden geschoben werden. Die so aufgescheuchten Krabben springen hoch und landen im Netz. Diese einfache Fangmethode wird meist von Frauen und Kindern betrieben und ergänzt das Nahrungsangebot vor allem der ärmeren Küsten- und Inselbewohner.

Krabbenfischen mit der Gliep in früheren Zeiten

Etwa gegen Ende des 19. Jahrhunderts kommen segelnde Krabbenkutter auf, die mit der Baumkurre fischen, einer in Holland entwickelten Vorrichtung. Dabei wird ein hinter dem Boot gezogener Netzsack mittels einen Holzbalkens, dem „Baum", offengehalten. Zunächst bedienen sich die Fischer nur einer Baumkurre, einige Jahre später fahren schon mehrere Kutter mit zwei Kurren hinaus. Aber erst Jahrzehnte später setzt sich die zweifache Bestückung an der gesamten Küste allgemein durch.

In den Anfangsjahren der Krabbenfischerei werden die Fänge auf Grund der Verderblichkeit der kleinen Garnelen nur regional vermarktet. Entsprechend klein sind Bootsflotte und Anlandungen. Erst mit der Fertigstellung der an der schleswig-holsteinischen Westküste verlaufenden Marschbahn und der Anbindung mehrerer Küstenorte finden die Krabben auch überregional Abnehmer. Das gibt der Krabbenfischerei Aufschwung. Büsum entwickelt sich wegen seiner günstigen Lage zu den Fanggründen zum wichtigsten Fischereihafen an der schleswig-holsteinischen Nordseeküste. Gehen 1886 von dort gerade mal drei Segelkutter auf Krabbenfang, sind es vier Jahre später bereits zwölf und 1906 schon 55 Kutter, und bis zum Beginn des 1. Weltkrieges werden über 100 gezählt. Auch Tönning weist bald eine ansehnliche Flotte auf. In Husum beginnt die kommerzielle Krabbenfischerei, die von Büsumer Fischern begründet wird, erst mehrere Jahre später.

Heute sind in den Hauptfangländern Dänemark, Deutschland und den Niederlanden etwa 400 Krabbenkutter registriert. Ihr jährlicher Fang liegt insgesamt bei 30.000 bis 38.000 Tonnen.

Die Nordsee-Krabbe

Die hat viele Namen: Granat, Porre, Nordsee-, Sand- oder auch Strandgarnele. Ihre wissenschaftliche Bezeichnung: *Crangon crangon.* Am gebräuchlisten ist sie in Deutschland als Nordsee-Krabbe. Es handelt sich um eine kleine Krebsart, deren Verbreitungsgebiet vom Weißen Meer nördlich von Rußland bis zur Atlantikküste Nordafrikas reicht. Sie ist die am weitesten verbreitete Garnelenart der sandigen und schlickigen Küsten des Ostatlantiks.

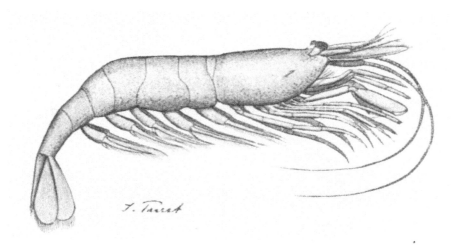

Sie lebt überwiegend im Bereich von Flussmündungen. An der deutschen Nordseeküste findet sie besonders in der flachen Wattenregion ihre Nahrung. Dabei lebt sie im Rhythmus der

Gezeiten. Sie schützt sich vor ihren Feinden, den Vögeln, Fischen und jungen Seehunden, indem sie sich blitzschnell im Sand eingräbt und ihre Panzerfarbe dem Untergrund und den Lichtverhältnissen je nach Meerestiefe anpaßt. In der warmen Jahreszeit schwimmt sie mit der Flut nah an die Wattenküste, bei Ebbe versammeln sich die Krabben in den Prielen, den verbleibenden Wasserläufen im Watt. In den Wintermonaten ziehen sie sich in tieferes Wasser zurück.

Die weibliche Krabbe, die fast 10 Zentimeter groß werden kann (die männliche bleibt kleiner), kann in einem Jahr bis zu sechs Eigelege mit insgesamt bis zu 20 000 Eiern erzeugen. Die Krabbenlarven leben zunächst im tieferen Wasser und wandern schließlich, wenn sie eine Größe von fünf Millimetern erreichen, ins Flachwasser. Nach etwa 25 Häutungen sind sie erwachsen und geschlechtsreif.

Um ihren Feinden zu entkommen nutzt die Krabbe ihren Schwanzfächer. Ruckartiges Einklappen dieser Flosse ermöglicht ihr die schnelle Flucht. Der dafür ausgebildete kräftige Muskel ist dasjenige Körperteil, dass so vielen ihrer Artgenossen zum Verhängnis wird. Es ist das begehrte „Krabbenfleisch". Die Nordseekrabben sind ein empfindliches Lebensmittel und müssen schon an Bord gekocht werden. Kochendes Meerwasser verleiht ihnen ihr spezielles Aroma und die typische rosa bis rotbraune Färbung.

Im Handel werden die Krabben in drei Qualitäten eingeteilt: Große, mittlere und kleine. Wobei die kleinen geschmacklich die besseren sein sollen.

Familiengeschichte

Aufbruch

Der Name Laß steht in Husum für eine Familiendynastie, die über mehrere Generationen reicht und ihren Ursprung in der kleinen Hafenstadt Büsum an der dithmarscher Nordseeküste hat. Dort lebt der 1853 geborene Schäfer Claus (eigentlich Claudius) Laß, der ab 1900 mit einem Segelboot an der dortigen Küste Krabbenfang betreibt.

Die Fangplätze sind so ertragreich, dass immer mehr Fischer diesem Erwerb nachgehen und die Büsumer Fischerflotte zu Beginn des Ersten Weltkrieges 130 Schiffe verzeichnet. Zuviele für ein einkömmliches Auskommen aller Fischer. Daher ziehen 1916 die Büsumer Fischerfamilien Rohde, Laß, Strüben, Linke und Lange nach Husum und begründen dort mit Ihrer Flotte eine kleine Krabbenindustrie. Sie bringen nicht nur ihre Schiffe, sondern auch fundierte Kenntnisse im Fisch- und Krabbenfang und den Elan der Aufbruchstimmung mit. Es gibt in Husum zu der Zeit kaum Berufskollegen, denen sie das Feld hätten streitig machen können.

Es ist einer der Söhne von Claus Laß mit dem selben Vornamen – nennen wir ihn der Einfachheit halber Claus Laß II (1881 – 1947) – , der sich mit Kutter, Frau und elf Kindern nach Husum aufmacht, um sich in der nördlicher und nah an den Fanggründen gelegenen Hafenstadt niederzulassen. Der Hausstand der Familie samt Hühnerschar reist mit der Bahn nach. Claus Laß II steigt gleich mächtig in das Fischergewerbe ein.

Es genügt nicht, die Krabben zu fangen, sie müssen auch verarbeitet und vermarktet werden. So macht er in seinem Husumer Haus in der Wasserreihe 1, gleich ums Eck zum Hafen gelegen, den ersten Großhandel mit Krabben auf.

Der „Stammvater" der Laßschen Fischerdynastie: Claus Laß I

Das in Heimarbeit von Hausfrauen entschälte Krabbenfleisch wird mit einer Säurezugabe konserviert und in Fässern mit der Bahn zu Abnehmern nach Kiel, Hamburg und in andere Städte befördert. Ein Teil des Fangs geht auch direkt an Husumer Kunden, aber es sind nicht viele.

Die kleine Hafenstadt Husum erweist sich als gute Wahl für die Neubürger. Die Fanggebiete sind ertragreich und das Einkommen aus Fischerei und Vermarktung bietet der großen Laßschen Familie eine sichere Existenz. Nach dem Krieg werden noch eine Tochter und ein Sohn geboren. Auch er erhält den Vornamen des Vaters (Claus III) und wird später, wie auch seine älteren Brüder Johann, Kurt, Gustav und Ernst Krabbenfischer. Die Familie ist nun mit dreizehn Kindern vollzählig.

1923: Claus Laß' große Familie umfasst fünfzehn Personen

Anfangs gehen die Fischer mit kleinen Booten noch segelnd auf Krabbenfang. Claus Laß II nutzt bald die neuen technischen Möglichkeiten. Er lässt sich 1902 einen

Fischkutter mit Großsegel bauen und stattet diesen wenig später zusätzlich mit einem 10-PS-Motor aus. Damit besitzt er in Husum den ersten Motorkutter, mit dem er ab 1916 von hier zum Muschel- und Krabbenfang ins Wattenmeer hinausfährt.
Sein Schiff wird als HUS 9 registriert, bekommt den für hiesige Boote ungewöhnlichen Namen „Edelweiß" und ist bis 1953 im Einsatz. Sein jüngster Sohn Claus III (1919 - 2015) mustert 1935 als 16jähriger Fischergehilfe auf dem Schiff des Vaters an. Wenige Jahre später bricht der Zweite Weltkrieg aus und bringt für die Husumer Krabbenfischer einschneidende Veränderungen.

Claus Laß II, der „Auswanderer"

Kriegszeit

Claus Laß III wird im August 1940 mit der „Edelweiß" und seinem Helfer zum Kriegsdienst eingezogen. 16 Husumer Kutter fahren im Konvoi zunächst nach Emden/Ostfriesland. Hier werden die Masten abgebaut, damit Brücken passiert werden können. Denn der Bestimmungsort der Flotte ist die französische Hafenstadt Calais und wird ausschließlich über Binnenwasserstraßen angesteuert. Die Heeresführung plant eine Invasion Englands von besetzten französischen und belgischen Häfen aus. Als Landungsflotte sind aufgeboten:

168 Frachter
1975 Kähne
419 Schlepper und Fischerboote
1600 Motorboote
und 100 Küstenmotorschiffe

Das geheime Unternehmen wird jedoch Ende November 1940 abgeblasen und alle Husumer Kutter kehren am 10. Dezember in ihren Heimathafen zurück.

Claus Laß III, der über siebzig Jahre in kleinen Heften akribisch Fangergebnisse, Erlöse, besondere Vorkommnisse und familiäre Ereignisse aufschreibt, vermerkt in den ersten Kriegsjahren nur wenige Fangfahrten. Die Männer werden eingezogen, Lebensmittel und Treibstoff rationiert, und die Meere werden gefährliche Kriegsschauplätze. Knapp vermerkt Claus III in seinen Aufzeichnungen die nun folgenden Einschnitte in seinem Leben:

1. April 1942	wurde mit „Hus 9" selbständig
9. Mai 1942	meine Hochzeit mit Rosa Menger in Wohlbach/Bayern
15. August 1942	zur Marine eingezogen nach Belgien
27. Oktober 1942	wurde Sohn Wilhelm in Wohlbach geboren, bekam 3 Tage Sonderurlaub

Rosa Menger und Claus Laß III heiraten 1942 in Bayern

Über seine Zeit in der deutschen Kriegsmarine in den Jahren 1943 - 1945 schreibt er ausführlich. Er wird als Rudergänger eingesetzt. Seine Stationen sind zahlreiche Hafenstädte in Südfrankreich und Italien. Es wird eine aufregende und zugleich schreckliche Zeit für ihn. Schließlich wird er im April 1945 von den Amerikanern gefangen genommen. Noch im selben Monat wird er nach Wohlbach entlassen, wo er mit seiner jungen Familie zusammentrifft.

Neubeginn

Als der Krieg zu Ende ist, liegt Deutschland in Trümmern. Aber im Husumer Hafen liegt eine große Kutterflotte, die vom Krieg weitgehend verschont wurde. Wilhelm, einer der Laß-Söhne, fällt als Soldat in Rußland. Die übrigen sechs Söhne überleben den Krieg und nehmen die Fischerei bald wieder auf. Der Kutter HUS 9 ist noch seetauglich und Claus Laß III mustert auf dem Schiff für die erste Nachkriegsfangsaison im Oktober 1945 bei seinem Bruder Ernst an. Er selbst gibt bei der Krögerwerft in Rendsburg den Bau eines neues Kutters in Auftrag. In seinen Eintragungen heißt es:

24. 10. 1945 - 6. 5. 1946:
Auf Hus 9 bei Bruder Ernst angemustert
25.4.1946:
Stapellauf Hus 28 „Zukunft" in Rendsburg
15.8. 1946:
Das erste Mal mit Hus 28 raus zum Fischen
(Schollen und Krabben)

Im darauf folgenden Jahr 1947 stirbt sein Vater 66jährig. Für Claus III folgen nun Jahre großer Veränderungen. Sein neues Schiff mit dem Aufbruch verheißenden Namen „Zukunft" muss seine wachsende Familie ernähren und das 1948 gekaufte Haus in der Husumer Rosenstraße 26 finanzieren.

Und es sind in den schwierigen Nachkriegsjahren nicht nur Krabbenfänge, die die Existenz sichern. Alles, was mit dem Kutter fangbar ist und Erträge bringt, wird auch eingeholt. Es geht auf Schollenfang vor der ostfriesischen Insel Norderney; Seesterne werden in den Wintermonaten vor Amrum und Hör-

Der 1946 erbaute Kutter „Zukunft"

num angelandet. Auch Heringe, Miesmuscheln und Seezungen sind gefragt. Die Fischer müssen flexibel sein, den Reichtum, den das Meer bietet, für ihr Auskommen nutzen. Denn die Krabben allein reichen nicht, zumal ihre Fangsaison nur von März bis Dezember dauert und die Nachfrage mangels Kaufkraft und schlechter Vermarktungsmöglichkeiten auf Grund der zerstörten Infrastruktur noch bescheiden ist.

Die Fischer lassen sich einiges einfallen, um über die Runden zu kommen. Manchmal spielt auch Glück eine Rolle. So havariert im Januar 1949 ein spanischer Frachter vor der nordfriesischen Küste. Hunderte, vielleicht Tausende von Kisten mit Apfelsinen gehen über Bord. Statt Krabben und Fisch werden nun große Mengen dieser Südfrüchte im Husumer Hafen von Fischern angelandet. Claus Laß III vermerkt einen Erlös von 478 Deutsche Mark, der gerade vor wenigen Monaten eingeführten neuen harten Währung. Ein willkommenes Zubrot für die fangarmen, kargen Wintermonate. Die Apfelsinen haben nach ihrem ausgiebigen Meerbad natürlich eine gewisse Salznote im Geschmack. Aber eine Frischwasserbehandlung macht sie noch genießbar. Die Menschen sind in jener mageren Zeit auch nicht so wählerisch, dass sie sich von leichtem Salzgeschmack abschrecken lassen.

Fischer Laß vermerkt auch regelmäßige Einkünfte für „Nerzfische" – so bezeichnete er eine kleine Heringsart, die im Wattenmeer in Massen vorkommt und von einer hiesigen Nerzfarm als Futter für ihre Pelztiere geordert wird. Bei günstigem Wetter im Winter fährt Claus Laß III auch öfter mit Muschelsammlerinnen bei ablaufendem Wasser ins Watt. Dort finden sie die großen fleischigen Klaffmuscheln, die in Drahtkörben befördert, gewaschen und verkauft werden. Bei Hochwasser geht es zurück in den Hafen, wo Händler die Ware abnehmen. *Mein Vater hat auch noch Miesmuscheln gefischt. Den ganzen Kutter voll. Bei Nachtigall haben sie die Ladung gelöscht.*

Bei milder Witterung werden in den Wintermonaten statt Krabben Heringe und Muscheln, Seesterne und Seemoos gefischt. Seemoos wird aber hauptsächlich im Frühherbst in großen Mengen angelandet. September ist die Zeit, dieses Meeresgewächs zu „fischen". Gereinigt und getrocknet ist es als Dekorationsmaterial lange Zeit so begehrt, dass dessen Ernte lohnenswerter ist als der Krabbenfang. Die besten Plätze liegen vor der Hallig Gröde, vor Amrum und Hörnum. Seemoos wird damals so gut bezahlt, dass Claus Laß im September 1955 fünfzig (!) Schiffe in einem moosträchtigen Seegebiet ausmachen konnte.

Apfelsinen-"Fischen" im Winter 1949

Die Moosfischerei ist eine äußerst kraftraubende Arbeit und die Ammoniakgase, die das Kraut bei Lagerung und Umschichtung ausdünstet, setzen den Fischern zu. Das Fanggeschirr muss zudem für die Moosernte extra umgerüstet werden. Dabei dauert deren Saison gerade mal zwei Wochen. In Husum wird das Moos gewaschen.Die Kinder, die am Hafen aufwachsen, sind gern dicht am Geschehen und packen oft mit an. Als zunehmend billige Kunststoffe das Naturmaterial verdrängen, kommt die Moosfischerei zum Erliegen.

Seemoos-Wäsche am Husumer Hafen. Der kleine Junge mit Mütze ist Helmut Laß, dahinter sein Bruder Sönke

Auch Personenbeförderungen von Husum zur Hallig Süderoog und zurück bringt manchen Fischern zusätzliches Einkommen. Auf Süderoog, der äußersten, südwestlich in der Husumer Bucht gelegenen Hallig, betreibt der Pädagoge Hermann Neuton Paulsen von 1927 bis 1951 eine internationale Jugendbegegnungsstätte. Die Hallig wird daher auch „Insel der Jungen" genannt. Es gibt jedoch keinen Fährverkehr zwischen dem Festland und der Insel. Und so tragen die Fischer mit ihren Kuttern dazu bei, dass das ungewöhnliche Jugendprojekt im Wattenmeer viele Jahre erfolgreich bestehen kann - und haben ihren Vorteil davon.

Die vierte Generation

In der zu Ende gehenden Fangsaison, am 13. November 1951, wird in der Rosenstraße 22 in Husum dem Ehepaar Claus und Rosa Laß ihr viertes Kind, Sönke, geboren. Zwar steht die Niederkunft unmittelbar bevor, doch Claus Laß III muss an jenem Dienstag zum Krabbenfang hinausfahren. Der Winter steht bevor, und jeder erfolgreiche Fangtag vergrößert das finanzielle Polster, das zur Überbrückung der kommenden fangarmen Monate für die Familie und die laufenden Betriebskosten benötigt wird. Als Claus Laß mit seinem Kutter in den Hafen zurückkehrt, signalisiert ihm der Schleusenwärter von seiner hohen Warte aus mit einer Handbewegung über den Bauch, dass das Baby bereits auf der Welt ist.

Dieser Tag wird zusätzlich mit einem außergewöhnlich guten Fangergebnis gekrönt: 500 Kilogramm Krabben und 99 Körbe Gammel – Beifang für die Fischmehlfabrik.In den folgenden Jahren werden noch drei weitere Kinder geboren. Der Nachwuchs umfasst nun fünf Söhne und zwei Schwestern.

Jeder der Söhne darf und will mal mit dem Vater hinaus auf Krabbenfang. Sie sind Schüler und wissen noch nicht so recht, was sie später mal werden wollen, vielleicht auch Fischer wie der Vater. Auch Sönke fährt mit aufs Wattenmeer, aber bei ihm zeigt sich stärkeres Interesse. Bereits als Zwölfjähriger ist er in den Sommerferien oft mit auf dem Meer und wächst so wie selbstverständlich in eine maritime Arbeitswelt, die ihm gefällt. Für ihn ist sie aufregend und abwechslungsreich. Wenn er in der Schule sein muss und Vater ist mit dem Kutter auf See, dann fällt es ihm schwer, sich auf die Lernmaterie zu konzentrieren.

Baden zu Viert.
Von links: Sönke, Helmut und zwei Nachbarjungen

Vor allem dann, wenn er weiß, bei der heutigen Tide kommen Boote gegen Mittag zurück. Dann zieht es ihn nach dem letzten Klingelton in der Schule schnurstracks und eilig zum Hafen:

Wenn die Krabbenkutter reinkamen, erstmal die Leinen abgenommen. Das war ja was für uns. An den Pollern festmachen. Dann gekuckt, was haben die da, konnte man Vadder ja erzählen, die hatten 6 Kisten und 2 Körbe, wo ist der gewesen und so weiter. Der hatte ja nicht viel Gammel, also musste er größere Krabben gehabt haben. Dann wurde gelöscht, die Holzkisten kamen auf den Wagen ... So haben wir uns den Nachmittag vertrieben. Schularbeiten haben wir vor dem Zubettgehen oder nach dem Abendbrot gemacht. Das Hafenleben war wichtiger als Schule. Du wusstest, die Schiffe kommen rein. Nach der Schule schnell nach Hause, den Ranzen in die Ecke, und ab zum Hafen, Mittagessen konnte warten.

Sönke mit Mutter am Tag seiner Einschulung

Der Hafen ist für den Schüler und seine Freunde der Anziehungspunkt, die prägende Welt seiner Kindheit und Jugend. Hier spielt sich vielfältiges und quirliges Arbeitsleben ab. In seiner Freizeit ist er fast immer im Hafen. Er erinnert sich an eine erste romantische Bootstour:

Ich bin zur anderen Hafenseite rübergefahren und hab ein Mädchen abgeholt. Ich wollte ihr natürlich imponieren und bin mit ihr unter der Eisenbahnbrücke durch und hab am Poller 19 festgemacht, Treppe hoch, ab zur Cortina Eisdiele und wieder zurück. Das war damals so idyllisch. Und das Mädchen hat sich gefreut. Aber wir sind nie zusammengekommen.

Mit seinem Freund tourt er manchmal im Boot durch den Hafen. Das Ruderboot leihen sie sich vom Muschelkutter, den fehlenden Riemen vom Krabbenkutter. Dann geht es kreuz und quer durch den Hafen, sie singen Seemannslieder und bringen das Boot ordentlich zum Schaukeln, damit sie auch den dazugehörigen Wellengang haben. Kleine kindliche Abenteuer und Träumereien vom Seemannsleben, bevor die Realität in ihr Leben tritt.

Szene vom Husumer Hafen in den 1950er Jahren

Ein anderes Vehikel, auf das Sönke stolz ist, ist sein eigenes Fahrrad. Er hat es bunt angemalt, Spiegel und Speichen mit rot-weißem Band umwickelt und an den Gepäckträger einen Fuchsschwanz angebunden. Er mag es bunt und auffällig.

In frostigen Wintern liegen alle Boote im Hafen und drohen, im Eis einzufrieren. Alle, Fischer und ihre Jungs, arbeiten mit Eisenstangen und Äxten, um die Kutter vom Eis zu befreien. Während hier das Eis zerschlagen wird, laufen Kinder und Erwachsene auf den gefrorenen Flächen im Porrenkoog ausgelassen auf ihren Schlittschuhen. Sönke hat dafür nichts übrig. *Ich konnte kein Schlittschuh laufen. Hat mich nie interessiert.*

Am Westerende

Sönke wächst nah am Hafen auf. Die ersten beiden Jahre in der Rosenstraße, dann im Eckhaus Westerende 11, das sein Vater 1953 erwirbt. Von hier geht es gerade runter zum Hafen und zum Liegeplatz der Kutter.

Westerende/Ecke Wasserreihe

Viele Jahre wird das Haus von der Familie bewohnt. Und nacheinander von unzähligen Hausschweinen, Kaninchen und Tauben. Denn die Krabbenfischerei ist unberechenbar. Es bleibt immer ungewiß, ob die Fänge und Verkaufserlöse für das Auskommen der großen Familie übers Jahr ausreichen. Vor allem die Winterzeit ist eine Durststrecke. Da ist es klug und weitsichtig, Ernährungsreserven im Stall zu haben. Wenn das Familienoberhaupt vom Tagesfischen nach Hause kommt, ist sein erster Gang zu den Schweinen. *Und wehe, die Schweine sahen aus wie Schweine.* Die Schweine sind nicht nur zu füttern und ihr Stall auszumisten, auch gebürstet müssen sie sein, sauber eben. Fischer Laß kümmert sich um die Fischerei und den Kutter, seine Frau Rosa um Kinder, Haushalt und Tiere – so ist die Aufteilung.

Claus Laß III im Ruderhaus seiner „Zukunft"

Vadder war ein herzensguter Mensch. Von ihm hättest du alles gekriegt. Aber seinen Schweinen musste es gut gehen. *Manchmal hat er für sie Fische mitgebracht. Sandgrundeln oder Speckfische haben wir dazu gesagt.* Er kocht sie noch an Bord und trägt sie im durchlöcherten Blecheimer vom Hafen zum Wohnhaus. *Wie er dann hochkam bei Bäcker Jensen am Westerende, haben die Schweine schon Krach gemacht.* Sie riechen ihr Futter bereits von weitem und rasten geradezu aus. Ihr Lärmen ist weithin hörbar. Jedes Jahr werden zwei Schweine auf dem kleinen Hof geschlachtet, fünf verkauft und wieder eine Ferkelschar zur Aufzucht auf dem Husumer Viehmarkt ausgesucht. Im Hause Laß gibt es immer sieben Schweine. *Sieben Kinder, sieben Schweine.* Diesen Spruch, wie manch andere seiner markigen Aussagen, hört Sohn Sönke heute noch, wenn er an seinen im Jahr 2015 verstorbenen Vater denkt.

Mit seiner Frau und im Fischermilieu spricht Claus Laß plattdeutsch. Mit seinen Kindern zu Hause aber hochdeutsch. *Geschimpft hat er auf plattdeutsch. Aber wir haben ihn in der Fangsaison selten gesehen. Entweder hat er geschlafen oder er war auf See. In der Winterzeit war er dafür fast immer zu Hause.* Wenn es mit der Tide passt, kommt Claus Laß pünktlich mittags um zwölf Uhr nach Hause. Nach dem Festmachen im Hafen sagt er schelmisch: So, nu mutt ick sehn, dat ik to Hus kum, dat ick noch een Platz afkrieg. *Wenn du sieben Kinder hast, und die sitzen schon alle auf der Eckbank, dann muss man schon zusehen.* Ehefrau Rosa ist eine gute Köchin und deckt den Tisch stets reichlich.

Meine Mutter hat manchmal drei, vier Gerichte gekocht. Der eine mochte dies nicht, der andere mochte das nicht. Fischge-

richte? Freitags. Sonst aber nicht. Ich mag Räucheraal und Seezunge. Das war's denn auch schon. Unsere Mutter hat immer was gezaubert. Sonnabends gab es Pfannkuchen oder Fliederbeersuppe mit Grießklößen. Oder Bratkartoffeln und Hering. Buttermilchsuppe mit Rosinen und Sago. Auch Krabbenfrikadellen. Sonntags gab es Braten oder Gulasch, richtig was Deftiges. Wir haben nie Hunger leiden müssen. Wenn wir geschlachtet haben, gab's Schwarzsauer. Da konnte mein Vater sich reinlegen. Ohren, Schwanz und Füße mussten da mit rein – alles was gnuschig ist. Das hat er abgenüddelt. Vater freute sich immer auf den Schinken. Und wir durften uns immer was braten, wenn geschlachtet wurde. Der Schlachter hat mir das Hirn in die Hand gegeben und gesagt: Das brat dir mal mein Junge mit bisschen Zwiebel auf Schwarzbrot, dann wirst du 'nen kluger Junge. Ich hab's geglaubt. Mutter hat's mir gebraten. Ich kam ja noch nicht bis zum Herd hoch. Ich mochte das und jedes Mal beim Schlachten stand ich da ... Und nachher konnte ich das selbst braten. Ich hab nie erlebt, dass beim Essen alles weg war, es blieb immer etwas über. Hier soll keiner hungern, hat mein Vater immer gesagt. Abends gab es dann die Reste vom Mittag oder vom Vortag, je nachdem, wer was mochte. Den Kindern, die Schwarzsauer nicht mochten, hat Mutter Spiegeleier gebraten oder andere Gerichte. Wir sind von unserer Mutter verpütschert worden.

Zusätzliches Fleisch kauft die Familie beim Schlachter Albertsen, der seine Schlachterei in der Rosenstraße und seinen Laden in der Wasserreihe hat. Ein beliebtes Gericht sind Pferderouladen mit dicker Soße. Die mag nicht nur Vater Laß gerne, auch die übrige Familie freut sich über dieses Essen. Mutter Rosa stammt aus Bayern. Aber Gerichte aus ihrer Heimat sind im Hause Laß nicht angesagt. Der Vater ist für norddeutsche Küche. Zum Beispiel Schmorwuddeln, ein dithmarscher Gericht. Mit Mehlklößen und geschmortem Porree. Aber seine Frau Rosa macht auch Klöße nach bayerischer Art. Aus selbst geriebenen Kartoffeln. *Da hat sie sich nen ganzen Tag mit aufgehalten. Solche Bollers, wie sie das kennt.* Um Weihnachten herum gibt es eine Spezialität aus ihrer Heimat: Bayerische Küchel oder Ausgezogene, übers Knie dünn ausgezogene runde Teigfladen, die in heißem Fett ausgebacken und mit Puderzucker überstreut werden. Die gibt es in der Familie Laß zum Kaffee.

Manchmal gibt es Kuchen vom benachbarten Bäcker Jensen. Vater mag die Rumkugeln gern. Beliebt bei Familie Laß sind auch Schnecken. Fünf Stück kosten eine Mark, und kauft man die vom Vortag, gibt es noch eine Schnecke extra dazu. Sönkes Mutter backt auch viel selbst, nicht nur sonntags. Oft gibt es Streuselkuchen, der ist schnell gemacht und schmeckt am besten frisch aus dem Ofen. *Oder Pflaumenkuchen mit zwei, drei Zentimeter Zucker. Mein Vater mochte das gerne süß. Oder mit Rhabarbergrütze. Is nich sööt noog, sagte Vater. Ich hab da schon ein Pfund reingetan, sagte meine Mutter. Dann machst du da zwei Pfund rein, sagte er. Ja, so war er, mein Vater. Es hat uns an nichts gefehlt. Es gab gute und schlechte Jahre. In den guten mussten wir uns was zurücklegen. Vadder war immer großzügig, aber auch sturköpfig. Die Kinder brauchen das nicht, hab ich auch nicht gebraucht. Und was er nicht wollte, gab es nicht. Uns Kinder hat er nicht in Berufe gedrängt, wir konnten allein entscheiden.*

Mutter

Mutter hatte viel zu tun. Sie versorgt täglich ihre sieben Kinder und ihren Mann, füttert und striegelt die Schweine, mistet den Stall aus. Ebenso versorgt sie die Tauben und Kaninchen und schlachtet sie auch. Natürlich auch die Fische, die ihr Mann nach Hause bringt. *Die Felle der Kaninchen haben wir an Funke verkauft, der hatte in der Hafenstraße ein Eisenwarengeschäft.* Wenn ein Schwein geschlachtet wird, kommt zusätzlich viel Arbeit auf Rosa zu. Große Mengen an Fleisch müssen eingekocht, Würste hergestellt und Schinken eingesalzen werden.

1958: Rosa mit ihren Söhnen; ganz rechts Sönke, daneben Helmut

In den 1950er Jahren gibt es in den Haushalten noch keine Kühltruhen. Daher wird viel durch Einkochen und Räuchern aufwendig konserviert. Rosa hat aber Unterstützung durch eine Haushaltshilfe, die ihr bei Bedarf zur Seite steht.

Rosa weiß sich auch zu helfen, wenn es Familienmitgliedern oder den Tieren nicht gut geht. Sie schwört auf Klosterfrau Melissengeist. Der Kaninchenmutter, die nach der Geburt ihrer Jungen krank geworden ist, gibt sie warme Milch mit ein paar Tropfen des Hausmittels. *Anderntags war sie gesund. Wenn es uns Kindern mal schlecht ging, kriegten wir auch auf einem Stück Würfelzucker Klosterfrau Melissengeist, und dann ging es uns wieder gut.* Und auch sie selbst nimmt die Tropfen, egal welche Beschwerden sie hat.

Urlaube in Bayern

Mutter Rosa stammte aus einem Dorf in Oberfranken, wo ihre Eltern eine kleine Landwirtschaft betrieben. Sie besaßen nur zwei Milchkühe, Liesel und Lotte, die quasi zur Familie dazugehörten und auch als Zugtiere für Pflug und Ackerwagen dienten. Daneben hielten sie allerlei Nutztiere und konnten sich aus ihrem großen Obst- und Gemüsegarten weitgehend selbst versorgen.

Oft reiste die Familie Laß mit den Kindern zu den Schwiegereltern nach Bayern – fast immer im Frühsommer vor der eigentlichen Krabbensaison. Anfangs mit einem geliehenen Mercedes Diesel, später mit einem eigenen Modell dieses Fabrikats. Dieser Automarke blieb Claus Laß sein Leben lang treu. Dreizehn Stunden dauerte die Fahrt von Husum ins Coburger Land, die stets in einem Rutsch bewältigt wurde. Für die Fischerfamilie tat sich in Bayern eine ganz neue Welt auf: Landschaft, Menschen, Sprache, Gerüche, Sitten und Gebräuche – alles war hier anders. Für zehn oder vierzehn Tage war diese bayerische Welt überaus erholsam und bereichernd. Vor allem den Kindern öffnete sich hier ein großes Abenteuerland. Sie kamen gerade zur Zeit der Kirschreife in das fränkische Dorf. Welch ein paradiesisches Angebot an wohlschmeckenden Früchten im Garten der Großeltern! Tagelang pflückten und naschten sie die süßen Kirschen.

Sönke, der wohl mit zehn Jahren das erste Mal nach Bayern mitreiste, gefiel es, dass es dort zum Frühstück statt Brot stets Kuchen gab. Und er erinnert sich, dass Großvater zu den Hauptmahlzeiten immer sein großes Maß Bier trank.

Auch die Heuernte stand zur Besuchszeit gerade an und machte den Kindern großen Spaß. Vater Laß lernte den Umgang mit der Sense und half tatkräftig bei der Ernte mit. Wenn der Heuwagen befüllt war, wuchtete er seine Sprößlinge auf das weiche Grasbett und bescherte ihnen ein unvergessliches Kindheitserlebnis – herrlich schaukelnde Rückfahrten von den hochgelegenen Weiden zum talwärts gelegenen Hof, eingehüllt von den Düften getrockneter Wiesenkräuter und umgeben von großartiger bayerischer Landschaft .

Heuernte: Rechts Vater Laß, oben auf dem Heuwagen
Sönke mit seinem einjährigen Bruder Uwe

Viel zu schnell ging für die Kinder der Urlaub vorüber, aber schon im nächsten Jahr würden sie wiederkommen. Und wenn es hieß: *Wir fahren nach Bayern zu den Großeltern*, waren sie voller Vorfreude.

Oft ist Rosa auch allein mit dem Zug in ihre bayerische Heimat gefahren. Ihre Mutter Anna kam gelegentlich im Frühjahr oder Herbst auch zu Besuch nach Husum. Dann saß sie oft im Sessel am Fenster und strickte für die ganze Familie Strümpfe. Kam dann jemand ins Haus, schaute sie auf, unterbrach dabei jedoch nie ihr Strickerei.

Claus Laß III

Chronik eines Fischerlebens

Claus Laß III, wird 1919 in Husum im Elternhaus in der Wasserreihe 1 geboren. Er hat sechs Schwestern und sieben Brüder. Wie bei vielen seiner Brüder ist der Fischerberuf vorgezeichnet.

Wasserreihe 1, das erste Husumer Domizil der Familie Laß; rechts Claus Laß II

Die ganze Familie lebt vom Krabbenfang. Alle Söhne lernen durch ihre Mithilfe das Fischerhandwerk und bleiben fast alle in dem Metier. Sohn Claus will eigentlich Frisör werden, aber die Lebensumstände und wohl auch der Vater geben eine andere Richtung vor. So tritt er in die Fußstapfen seines Großvaters und Vaters und wird auch Fischer. Er fängt 1935 auf dem Schiff seines Vaters, der „Edelweiß" als Decksjunge an. Im 2.Weltkrieg wird er zur Marine eingezogen und kann die Fischerei im Sommer 1945 gemeinsam mit seinem Bruder Ernst wieder aufnehmen. Von 1946 bis 1965 geht er mit der neuen, eigenen „Zukunft" auf Fangfahrt, die in technischer Hinsicht eine führende Rolle in der Husumer Krabbenfischerei spielt. Ihr folgen von 1967 - 1975 die „Edelweiß" und zuletzt die „Hanna".

Claus Laß hat die Stationen seines Fischerlebens detailliert in kleinen Heften niedergeschrieben. Darin sind Fangergebnisse, besondere Ereignisse und auch manches Private enthalten. Sie beschreiben ein Leben, das durch und durch von der Fischerei geprägt ist und nur wenig Raum für Familienleben lässt.

1961 vermerkt Claus Laß III den Kauf von Kunststoffnetzen, die nicht mehr zum Trocknen aufgehängt werden müssen wie die damals üblichen Bauwollnetze. Ein Baumwollnetz kostet 1953 etwa 300 Mark. Im Jahr 2000 muss ein Fischer für ein Kunststoffnetz 15.000 DM hinlegen. Allerdings sind diese Netze auch pflegeleichter und haltbarer.

1965 wird ein neuer Fischkutter angeschafft, der wieder den Namen „Edelweiß" trägt und bald Sprechfunk und Radar erhält. Mit seinem vierten und letzten Schiff, der „Hanna", geht Claus Laß ab 1975 auf Krabbenfang.

Der Kutter ist die Basis der Existenz; seinem Stapellauf, seiner Modernisierung, dessen Reparaturen und Unterhaltungskosten, außergewöhnlichen Fängen und besonderen Unternehmungen widmet er seine Vermerke. So etwa:

1953: als Erster von Kohle auf Ölfeuerung an Bord umgestellt
1954: Januar, Fischerball
1955: im Februar viele Heringe und Sprotten bei Helgoland gefischt
1955: 21. August, erste Segelregatta nach dem Krieg
1955: Sept., 2. Mal Seemoosfischen, Süderaue, 50 Schiffe!
1970: mit HUS 9 nach Langeneß und Amrum, Pfingsausflug
1975: Januar, HUS 9 Verkauf an Sohn Sönke
1975: Kauf HUS 24 „Hanna"
1978: letztes Mal Gammel gefischt
1982: Dezember, in Rente, Verkauf HUS 24

Die Fangergebnisse, Erlöse und der Verbrauch von Diesel werden all die Jahre peinlich genau aufgeschrieben. An Hand der Zahlen wird deutlich, wie immer größere Kutter mit stärkerer Motorisierung einen rasant steigenden Ölverbrauch zur Folge haben. Im Vergleich zu den 50er Jahren steigt der Rohölverbrauch in den 70ern bis zum Vierfachen. Aufwändige Arbeiten am Schiff, Pflege und Reparatur der Ausrüstung, die Schlachtung eines Schweins, die Abholung seines neuen Mercedes, die alljährlichen Urlaube bei den Schwiegereltern in Bayern, Fischerbälle - alles findet seinen Niederschlag in den Heften. Auf zahlreichen Beerdigungen nimmt er Abschied von Berufskollegen, von denen viele früh sterben. Sie sind erst Mitte fünfzig, Anfang sechzig. Sind es die harten Arbeitsbedingungen an Bord , die oft rauen Wetterbedingungen auf dem Meer, die ihre Gesundheit aufzehren?

Claus Laß' große Leidenschaft seit seiner Jugend ist der Fußball. 1930 tritt er als 11jähriger dem Verein Frisia Husum bei. Von da an lässt ihn dieser Sport nicht mehr los. Sein Leben lang fühlt er sich dem Fußball verbunden, spielt in der Altherrenmannschaft mit, engagiert sich in den wenigen arbeitsfreien Zeiten für den Verein und versäumt bis ins hohe Alter kaum mal ein Spiel seiner Mannschaft. In seinen Aufzeichnungen über die Fischerei finden sich auch regelmäßig Einträge, die seine Fußballleidenschaft verraten:

1953 Fußballstadion eingeweiht; Länderspiel Deutschland - Norwegen in Hamburg am 22. November 1953; 5 : 1
1954 15.August: mit HUS 28 und 30 Frisia-Männern nach Wyk (Föhr); 1 : 0
Firmen-Fußball, Fischer wurden 2.

Sein Sohn Sönke bemerkt dazu: *Vadder war fußballfanatisch. Bei Spielen von Frisia Husum musste er dabei sein. Ich glaube, er hat kein Spiel von seinem Verein versäumt, überall ist er mit hin gefahren. Er hat früher selbst gespielt. Sein Vater hat mal zu ihm gesagt: „Du, min Jung, mit Football kannst du dien Geld nich verdenen." Wenn der heute wüsste, um welche Summen es im Profifußball inzwischen geht. An den Wochenenden wird damals nicht gefischt, uns so kann der Fußballfan regelmäßig seinen Platz am Spielfeldrand einnehmen. Wenn es in der Woche mal Freundschaftsspiele gab, kriegte er es auch zurecht, dabei zu sein.*

Überhaupt spielt der Sport immer schon eine große Rolle im Leben von Claus Laß. Als Krabbenfischer hat er nur wenig Zeit für Aktivitäten auf diesem Gebiet. Als er jedoch am Ende der Krabbensaison im Dezember 1982 in Rente geht und seinen

Kutter verkauft hat, eröffnen sich ihm nun viele Möglichkeiten. Und die nutzt er ausgiebig. Er absolviert Langläufe, Wanderungen, geht regelmäßig in die Husumer Schwimmhalle zum

**1955: Die Altherren-Mannschaft von Frisia Husum.
Obere Reihe, Zweiter von links: Claus Laß**

Schwimmen, nimmt an Boßelwettkämpfen teil und besucht mit seiner Frau manche Boßel- und Fischerbälle, auf denen beide gerne tanzen. Mit seiner Frau Rosa verreist er nun auch viel. Beide sind schon 1977 vom Hafen in den östlich gelegenen Husumer Stadtteil Dreimühlen in einen Neubau umgezogen. Weit weg vom Hafen. Aber dem rastlosen Rentner fehlt die

Hafenatmosphäre mit Kuttern, Fischern und Getriebe. Es zieht ihn immer wieder dorthin, aber nicht um auf einer Bank zu sitzen und aufs Wasser zu schauen. Er geht gelegentlich wieder mit seinem Sohn Sönke auf seinem ehemaligen Schiff, der „Edelweiß", auf Krabbenfang oder fischt als Helfer oder Skipper-Vertretung auf anderen Kuttern.

Das Ehepaar Laß (rechts im Bild auf einem Fischerball) tanzte gern und oft

Er fertigt und setzt Markierungs-Baken in die Fahrrinnen und macht oft „Netzarbeit", so nennt er das Ausbessern der Fangnetze. 1988 heuert er 67jährig als Steuermann für Schiffstransportfahrten an.

Das Jahr 2000, in dem er ins 81. Lebensjahr geht, vermerkt Claus Laß in seinem Heft nochmal besonders mit einer Auflistung seiner Aktivitäten, die er zusammenfasst wie eine sportliche Leistungs- und Vergnügungsbilanz:

3 x raus zum Krabbenfischen
9 x freitags Kaffetrinken bei C. J. Schmidt
84 x Schwimmen im Hallenbad
42 x beim Tine Bäcker frühstücken
38 x mit Bruder Gustav zum Fußball
27 x gelaufen vom Hafen zur Schleuse und zurück

Die regelmäßigen Besuche des Husumer Wochenmarktes erwähnt er eher nebenbei.

In den folgenden Jahren werden die Einträge zwar weniger, aber seine sportlichen Aktivitäten wie Tanzen, Schwimmen und Wandern behält er bis zu seinen letzten Lebensjahren bei. Und den Besuch von Fußballspielen „seiner" Mannschaft, die er zusammen mit seinem sieben Jahre älteren Bruder Gustav auch auswärts regelmäßig besucht, kann nur ein Krankenhausaufenthalt verhindern.

Rentner Claus Laß bei der „Netzarbeit"

Der Nachfolger
Erste Alleinfahrt

Als Claus Laß' Sohn Sönke zehn oder elf Jahre alt ist, fährt er bereits regelmäßig in den Sommerferien mit zum Krabbenfischen hinaus. Von der Seekrankheit bleibt er sein Leben lang verschont. Der Vater hat damit zu tun, aber er hat sich daran gewöhnt. Sönke verstärkt nun die Mannschaft, bestehend aus seinem Vater und dessen Helfer.

Die Abläufe an Bord hat er bald verinnerlicht. Das Fanggeschirr wird gefiert, ins Wasser abgesenkt. Dann zieht der Kutter das Schleppnetz in langsamer Fahrt über den Meeresgrund. Nach angemessener Zeit wird es wieder an Deck gehievt und geleert. Der Fang wird gesiebt, gekocht und nachgelesen. Verkaufsfähiger Beifang kommt gesondert in Kisten, nicht Verwertbares wird wieder ins Meer gegeben - Buffet für die immer hungrigen Möwen. Bei der Tagesfischerei geht die Fahrt je nach Tide zu unterschiedlichen Zeiten bei Hochwasser hinaus und beim nächsten Hochwasser wieder zurück. Oft brechen sie früh am Morgen auf und genauso oft kehren sie erst spät am Abend heim.

Im Hafen erlaubt der Vater seinem Sohn auch ab und zu, unter Aufsicht Ruder und Maschine des Kutters zu bedienen. Das sind für Sönke große Momente, und er hofft immer wieder aufsolche Gelegenheiten. Bald darf er den Kutter kleinere Strecken allein im Hafen manövrieren. Dann eines Tages, Sönke ist zwölf Jahre alt, kommt für ihn unerwartet die große Bewährungsprobe.

Du konntest den ganzen Tag schon merken, dass Vadder unruhig war, dass er zur Uhr guckte. Er erzählte nichts, er sagte nur, um halb vier ist Fußball, und da muss ich hin. Er hat sich mit jemand verabredet, der in Westerhever auf ihn wartet. *Wir haben den ganzen Tag gefischt und sind gegen vierzehn Uhr bei Westerhever-Stuffhusen angefahren.* Wie aber nun vom Schiff, das im Wasser liegt, an Land kommen – ohne Steg? Kapitän Laß hat die Lösung schon vorgedacht: Er fährt das Fanggeschirr wie eine Brücke aus, balanciert darüber und erreicht trockenen Fußes den festen Wattboden.

Claus Laß III mit Sohn Sönke und Helfern

Vadder ist den Deich hoch gelaufen und abgeholt worden. Vadder: So, denn fahrt ihr mal nach Hause. So viel Vertrauen hatte mein Vadder denn. Das kannst du heutzutage nicht mehr, da wirste gleich verhaftet. Ich hab mich jedenfalls gefreut, dass ich den Kutter allein zurückbringen durfte. Nach 1 ½ Stunden kamen wir im Hafen an. Etwas schwierig war die Durchfahrt durch die enge Schleuse, hat aber alles geklappt. Zuvor durfte ich schon mal Ehrenrunden im Hafen drehen, sodass mir das Schiff vertraut war. Nach dieser ersten Tour fragte ich Vadder: Wann ist wieder Fußball?

Ausbildung zum Fischer

Zwei Jahre vor Sönkes Schulabschluss fragt der Vater: *Wull du nu Fischer warn oder nich? Warum fragst du?* will Sönke wissen, denn für ihn ist die Sache doch klar. *Dann lass ich noch ein größeres Schiff bauen,* antwortet der Vater. Und so geschieht es. 1965 läuft auf der Bieritz-Werft in Friedrichskoog der neue Kutter vom Stapel. Er wird auf den Namen „Edelweiß" in Erinnerung an das gleichnamige erste Boot seines Vaters getauft und mit der Kennung HUS 9 in Husum registriert. Das Schiff ist aus zähem afrikanischem Kambala-Holz gearbeitet, nur geölt und farblos lackiert. Es ist 16,65 Meter lang, 5,25 Meter breit und 1,80 Meter tief. Bestückt ist es mit einem 175 PS starken luftgekühlten Deutz 12-Zylinder-Diesel.

Sönke beendet 1966 die Volksschule und tritt am 1. Dezember des selben Jahres 15jährig bei seinem Vater auf dessem neuen Schiff seine Lehre zum Fischereigehilfen an. Seine seemännische Bezeichnung ist jetzt Deckjunge. Die Saison ist so gut wie zu Ende, und so macht er erstmal Trockenübungen. Das Schiff bedarf der Pflege und Reparatur, muss hin und wieder eisfrei gemacht werden. Auch die teuren Fangnetze, die auf dem Trockenboden zu Hause gelagert werden, sind auszubessern. Richtig los geht es dann im Frühjahr, das alle Krabbenfischer nach der langen Zwangspause herbeisehnen.

Im April 1967 fährt Sönke das erste Mal als Lehrling mit hinaus. Sein Arbeitsalltag sieht nun immer gleich aus. Die Abläufe und Handgriffe sind ihm aus den vorherigen Sommern vertraut. Den ganzen Tag werden die Schleppnetze ausgesetzt und wieder eingeholt, die Fänge verlesen, gekocht, gesiebt und nochmal verlesen, dann in Kisten gepackt. Zurück im Hafen werden Krabben und Gammel gelöscht, an Bord alles sauber gemacht, die Netze nochmal nachgeschaut. Es gibt keinen Urlaub, die Arbeit geht durch bis zum Winterbeginn. Sie geht jeden Tag und jede Woche wieder von vorne los und die Freizeit ist für jedes Besatzungsmitglied knapp bemessen. Sie fahren auch bei widrigen Wetterverhältnissen raus, selbst bei größeren Windstärken. *Kommt auf den Wind an, Wind aus Südwesten ist gut.*

Helfer Willi Baudewig und „Azubi" Sönke beim Kartoffelschälen

Wenn Vater Laß zu Hause aufbricht, schnappt er sich den Proviantkorb, den seine Frau Rosa für ihn und seine

Mannschaft täglich füllt, und macht sich auf den Weg zum Kutter. Der Lehrling und Vaters Gehilfe sind schon an Bord, denn die Schlafkojen auf dem Schiff sind in der Fangsaison ihr ständiges Quartier. Solche Arbeitsverhältnisse mit Kost und Logis sind in der Krabbenfischerei damals allgemein üblich.

Wir hatten einen Zehn-, Zwölf-Stundentag damals. Danach haben wir uns entweder hingelegt oder wir sind rübergefahren zur Hafensüdseite zum anderen Kollegen, haben Kaffee getrunken. Oder der Kollege ist rübergekommen, hat Kuchen geholt. War so eingespielt. Manchmal hat sich das Gammel-Löschen hingezogen und wir mussten eine Stunde warten. Dann haben wir erstmal zu Hause gegessen und hinterher den Beifang gelöscht. Mutter musste immer sehen, wie sie das mit dem Essen hinkriegte. Gelang ihr aber immer. Wenn wir mal was kaputt hatten, sagte Vadder zu mir: Segg Mudder mol Bescheed, do kum twee Monteure mit. Mutter: Jo, wie schall ik dat denn ... Ist sie schnell mal zum Pferdeschlachter in die Rosenstraße rübergegangen, hat da zwei, drei Koteletts geholt und gebraten. Sie hat's zurecht gekriegt. Sie ist mit allem klar gekommen.

Gespür für Krabben

Die bevorzugten Fanggebiete liegen nah an der Küste vor der Halbinsel Eiderstedt. Sie heißen Pfefferrücken, Westerhever trocken (gemeint ist die dortige Wasserkante, die so flach ist, dass immer die Gefahr des Auflaufens besteht), Westerhever Sand und Klamotten, ein unebener Grund von 10 bis 12 Meter Tiefe Richtung St. Peter gelegen. Der Krabbenfang im gesamten Wattenmeergebiet ist nicht reglementiert; die Krabbenfischer können sich jeweils die besten Plätze aussuchen.

Tiefe, Wassertemperatur, Wetter, Windrichtung. Vadder hat immer entschieden, wo gefischt wurde. Ich und der Helfer haben immer gewettet, wo will er jetzt hin? Der Pfefferrücken ist ein vielversprechender Fangplatz für Krabben - leider auch für Seegras. Immer wieder fahren sie in das Gebiet in der Hoffnung auf volle Netze mit Garnelen. Wenn sie jedoch an mehreren Tagen dort nur Gras gefischt haben, fragt sich die Mannschaft, warum „der Alte" schon wieder zum Pfefferrücken fährt.
Ich fragte Vadder, wo willst du jetzt hin? Zum Pepperrüch. Da haben wir doch nur Gras gefischt! Aber wenn da kein Gras ist, sagte mein Vadder, dann haben wir da welche drin. Und es war tatsächlich so. Nachdem wir tagelang dort nur Gras gefischt hatten, war jetzt kein Gras dabei, aber ein Riesensack voll Krabben. Siehste, da braucht ihr nicht mehr nörgeln, hat er gesagt. Jeden Tag auf die gleiche Stelle hin, und immer Gras fischen. War ja auch 'ne Scheißarbeit, das Gras aus dem Netz auszuschütteln. Aber Vadder wusste, dass an der Stelle was zu holen war.

Als noch kein Echolot an Bord zur Standardausrüstung gehört, fischen sie oft dort, wo Seehunde zu sehen sind. Ein deutliches Zeichen für ein krabbenträchtiges Gebiet.

In meiner Anfangszeit gab es kein Funk, kein Radar, Echolot teilweise. Mit einem Bambusstab mit Farbmarkierungen musste ich noch die Wassertiefe messen, weil mein Vater, wenn er trockenfischte - dicht an der Wasserkante - dem Echolot nicht getraut hat. Wehe, ich zog mir dabei im Winter Handschuhe an, dann hieß es: Du Weichei! Du warst keen Fischer! Ich hab mir trotzdem einen Lappen um die Hand gewickelt, wenn ich den Stab ins eiskalte Wasser stechen mußte. Wenn er gerade nicht geschaut hatte, hab ich die Hand mal kurz ins heiße Kesselwasser getaucht – zum Aufwärmen.

Die Fahrt vom Hafen zu den Fanggründen ist der gemütliche Teil des Unternehmens. Das Schiff findet dank Steuerautomatik fast von selbst seinen Weg und die Besatzung kann erst mal in Ruhe frühstücken. Am Fangplatz wird die Maschine gestoppt, *das Fanggeschirr wird ausgeschwenkt nach Backbord und Steuerbord, dann wird geguckt, ob alles gerade ist, die Steerte werden weggeschmissen und dann wird langsam ausgefiert. Bei mir wurde das Fanggeschirr immer vom treibenden Schiff ausgefiert, andere Fischer machen das auch bei fahrendem Schiff. Das ist aber wilder Kram.*

Es gab Zeiten, da hat die ganze Kutterflotte jeden Tag, vierzehn Tage lang, große Fänge gelandet. So viele Krabben, dass alle Kisten voll waren und die Krabben an Deck lagen. *Wenn die Krabbe da ist, dann ist sie da, und dann fangen alle. Aber dann haben sie auch nichts gekostet. Meistens sind diese Zeiten im September, Oktober.*

Es ist für die Mannschaft immer wieder aufs Neue spannend, wenn die Netze nach einer Schleppfahrt an Bord gehievt werden. Was ist drin? Manches Mal sind gar keine Krabben, sondern irgendwelcher Müll, Plastik und Undefinierbares im Netz. Erfreuliche Beifänge sind Aale, Schollen, große Krebse und – Bernstein. *Es kam immer darauf an, wo man fischte. Wenn viel Rollholz im Netz war, fanden wir meist auch Bernstein.*

Große Bernsteinbrocken als Beifang

Dann haben wir immer ins Netz geguckt und ganz langsam aufgemacht, damit der Helfer es nicht sieht, man wollte es ja selbst erhaschen. Mein Vater war ja großzügig. Er hat beide Augen zugemacht. Normalerweise gehört alles dem Käpt'n, weil man ja prozentual beteiligt war. Er hat auch mal ein Stück gekriegt. Wenn er den Bernstein gesehen hat, haben wir Scheiße gesagt. Wenn wir was Glänzendes gesehen hatten, haben wir es mit dem Fuß beiseite gemacht. Und wenn er nach hinten aus dem Fenster geguckt hat, haben wir uns den Bernstein schnell eingesteckt. Es galt, wer es zuerst sieht, dem gehört es. Wir haben auch schon mal beide zugegriffen. Wer das Ding in der Hand hat, dem gehört es.

Immer wieder finden sie Plastikmüll in den Netzen. *Mein Vater hat das Zeug wieder reingeschmissen. Nachdem ich mein Schiff umgebaut hatte, hab ich alles mitgenommen. Hatte extra einen Karton unterm Tisch. Im Hafenamt war ein Container, da konnte man das entsorgen. War mal ein Kollege an Bord: Was hast du denn für'n Müll hier unterm Tisch. Und da hab ich gefragt, wo lässt du das denn? Hat nie wieder was gesagt. Andern Tag wie er reinkam hatte er ne Tüte in der Hand. Da wusste ich, der sammelt jetzt auch den Müll ein.*

Sönke bleibt der Wehrdienst erspart, denn Fischereilehrlinge sind von der Wehrpflicht befreit. Die Lehrzeit beim Vater verläuft ohne große zwischenmenschliche Probleme. Allerdings zeigt sich Claus Laß in mancher Hinsicht uneinsichtig, um nicht zu sagen stur. Er ist der Meinung, Berufsschule sei für seinen Sohn nicht nötig, schließlich ist auch er ohne gut zurecht gekommen. Doch schließlich kommt er nach zwei mahnenden Schreiben der Landwirtschaftskammer zu der Einsicht, dass es für Sönke ohne Schulbesuch keinen

Ausbildungsabschluss gibt. Verspätet, erst im zweiten Jahr der Ausbildung erlaubt er Sönke den Besuch der Fischereischule in Eckernförde. Sönke besteht dort die Prüfung zum Fischereigehilfen. Einige Jahre später, nachdem er 48 Monate Fahrzeit nachweisen kann und vier Monate wieder die Schulbank in Eckernförde drückt, erwirbt er sein Kapitänspatent und ist nun Decksmann. Ein weiteres Jahr darauf besteht er die Prüfung zum Fischermeister.

Um selbständig das Fischereigewerbe ausüben zu können, sind neben dem Bootsführerschein die Motoren- und Fischereipatente und der Nachweis einer Feuerschutz-Unterweisung erforderlich. Dazu kommen noch das Seefahrtsbuch, der Erste-Hilfe-Schein, der Rettungsbootschein und die Gesundheitskarte. Schließlich erwirbt Sönke bei der Oberpostdirektion in Kiel auch noch das lebenslang gültige Sprechfunkzeugnis. Die Funktechnik, die Verbindung mit dem Festland, mit anderen Seeleuten und mit dem Zuhause ermöglicht, wird in Sönkes späterem Fischeralltag noch eine wichtige Rolle spielen.

Der erfolgreiche Ausbildungsabschluß ist ein gutes Argument, um mit dem Vater eine höhere Fangbeteiligung auszuhandeln. Für die Mannschaft gibt es in der Krabbenfischerei keinen festen Lohn, zumal die Fangergebnisse und Erlöse immer unterschiedlich sind. Bei anhaltend schlechtem Wetter oder lange währendem Winter trägt jedes Besatzungsmitglied das Risiko, ohne Einkommen zu sein. Da bleibt dann nur der Gang zum Arbeitsamt, um „Stütze" zu beantragen. Jedes Besatzungsmitglied ist prozentual am Fangerlös beteiligt. Der Gehilfe erhält 18 - 20 Prozent. Der Lehrling beginnt mit drei Prozent und bekommt im 3. Ausbildungsjahr fünf Prozent. Sönke will nun mehr. Vater und Sohn werden sich jedoch nicht einig. Und so kommt es zum Bruch zwischen den beiden. Claus Laß macht in seinem Chronik-Heft nur den knappen Vermerk: 24. 7. 1969 Sönke abgemustert. Für den Rest der Fangsaison heuert Sönke bei einem anderen Husumer Krabbenfischer an. Nach Hause geht er nicht mehr. Seine neue Adresse ist jetzt die Schlafkoje auf dem Schiff seines neuen Arbeitgebers.

In dieser Zeit geht Sönke mit seinem Freund nach der Arbeit gern in den Rödekrug in Rödemis. Dort begegnen ihnen zwei Mädchen, die eine blond, die andere dunkelhaarig. *Ich steh ja auf blond.* Die Blonde heißt Monika und geht mit ihrer Freundin nach ihrem Steno-Kurs auch manchmal in den Rödekrug, um die Wartezeit bis zur Abfahrt ihres Busses zu überbrücken. *Da hab ich meine Frau kennengelernt. Das war 1969. 1971 haben wir geheiratet, und ich bin mit zwanzig Vater geworden.*

Als die Krabbensaison im Dezember 1969 zu Ende geht und Weihnachten vor der Tür steht, spricht Mutter Rosa ein Machtwort zu Hause und bringt Vater und Sohn wieder zusammen. Im Frühjahr des folgenden Jahres sind beide wieder ein Team auf Vaters Kutter, der „Edelweiß".

In den nächsten Jahren bleibt es bei der Rollenverteilung an Bord: Vater ist der Kapitän, Sönke sein Gehilfe. Aber Sönke erwirbt in dieser Zeit seine Patente und Berechtigungsscheine, um eines Tages selbst ein Schiff führen zu können. 1975 übergibt Vater Laß seinem Sohn die „Edelweiß" zunächst auf Probe. Sönke ist jetzt Setzfischer – Kapitän des Schiffes, aber nicht dessen Eigner. Sein Vater steigt auf einen kleineren Kutter um, kauft die zwölf Meter lange „Hanna", ein 1942 gebautes und nun auf der Werft überholtes Boot. Beide gehen jetzt getrennt auf Fangfahrt ins Wattenmeer. Zwei Jahre später wird Sönke auch Eigner der „Edelweiß". Die kommenden zwanzig Jahre wird der Kutter sein zweites Zuhause sein.

1971 heiraten Monika und Sönke

Warten auf den Frühling

Eiswinter
Rechts Johann Laß, Bruder von Claus Laß III, mit Hund Tell

Wenn der Winter dem Ende zugeht, werden die Fischer kribbelig. Sie schauen, was die anderen machen. Fängt schon einer an, die Netze fertig zu machen? *Wenn der Winter mild ist, fährt man auch schon mal im Januar raus. Aber dann musst du weiter raus fahren, drei, vier Stunden Richtung Helgoland. Und in Tiefen von 25, 30 Meter fischen. Aber das war nichts für mich. Ich muss immer Land sehen.*

Wie der Bauer im Frühjahr sein Kornfeld begutachtet, so schaut sich Sönke beim ersten Hol eine Handvoll gefangener Krabben an, um von der Eierzahl bei den weiblichen Krabben auf den mutmaßlichen Jahresertrag zu schließen. Denn Krabben wachsen sehr schnell heran.

Aberglaube

Die erste Ausfahrt im Jahr sollte nie an einem Montag sein: *Montaggang dauert nicht lang, sagte mein Vater. Ich bin nie auf 'nen Montag gefahren. Da war ich ein bisschen abergläubisch. Das hab ich auch von meinem Vater. Lieber sonntags, aber nie montags, sagte er. Ein Kollege sagte, du bist ja nicht ganz dicht. Der ist mal montags raus und hatte dann soviel Pech das ganze Jahr. Der fährt jetzt auch bloß dienstags, ist nie wieder an einem Montag gefahren.*

Eigner und Kapitän Sönke Laß auf seiner „Edelweiß"

Fangerfahrungen

Mein Vater ist mal rausgefahren, da lag noch ein großer Eisblock, und da hat er soviel Krabben gefangen, das war schon unnormal. Das war wohl noch im Juni. Merkwürdig ist, wenn du viele Krabben im Netz hast, hast du keine Krebse, wenig Beifang , keine Muscheln, bloß saubere Krabben. Das verstehe ich bis heute nicht.

Früher haben sich die Fischer oft nach den Seehunden orientiert. Wo die waren, gab es meistens auch Krabben. Heute verlassen sich die Fischer auf das Echolot, aber Erfahrung und Gespür sind immer noch gefragt.

Wenn der Flieder zu blühen beginnt, gibt es wenig Krabben. Und das Wasser ist dann grün. Ist ja keine Bewegung drin. Das Wasser steht, da auch Windstille ist. Wir haben uns gefreut, wenn Südwestwind wehte, mit Stärken 6 – 7. Du konntest dann zwar nicht raus, aber es war nachher alles aufgewühlt. Und es war Sauerstoff im Wasser. Den brauchen die Krabben und wir auch.

Rausgefahren ist Sönke zur Blütezeit des Flieders dennoch. Die Fischer, die im Hafen blieben, haben ihrem Schiff lieber einen neuen Anstrich verpasst als teuren Diesel für magere Fänge zu verbrauchen.

Wetter

Wie oft haben wir Schlechtwetter gehabt draußen. Wenn der Wetterdienst dann Windstärken um acht oder neun meldet, gilt es, schnell die Netze einzuholen und das Schiff an die Küste zu steuern. *Bevor ich rausfuhr hab ich immer Wetterbericht gehört.* Mit Stürmen wissen die Fischer aus Erfahrung umzugehen, dennoch lauert in ihnen immer eine unberechenbare Gefahr. Auch die oft nasskalte Seeluft macht die Fischerei für die Besatzung unangenehm. Der Kapitän hat es an Bord komfortabler als seine Helfer, die bei Wind und Wetter an Deck arbeiten müssen. *In den Wintermonaten, wenn auf dem Schiff die Kälte an dir überall hinkriecht, drehst du im Ruderhaus die Heizung höher.*

Vor großen Stürmen oder Sturmfluten werden die Kutter im Hafen sorgfältig gesichert. Vor allem die Takelage muss fest verzurrt werden, damit der Sturm keine Angriffspunkte hat. Von größeren Sturmschäden am Schiff wird Sönke in all den Jahren als Krabbenfischer zum Glück verschont.

Bordalltag

Du fährst bei Hochwasser raus, manchmal frühmorgens, manchmal abends, je nach Gezeiten. Sie haben Radar an Bord und können so auch im Dunkeln hinausfahren. *Ohne Radar zwar auch, aber dann nur nach Gehör. Wenn wir zwei Tage gefahren haben, sind wir abends vor Anker gegangen und haben so sechs Stunden geschlafen. Manche arbeiten wirklich zwei Tage durch, legen sich für 'ne Viertelstunde auf die Bank. Mein Vater hat gesagt, wenn du zu Anker gehst, mit einem Auge immer kucken und mit einem Ohr immer hören. Aber nie fest schlafen. Du könntest mal vertreiben, dann sitzt du auf der Sandbank, und denn hast du das Malheur.* Diese Warnung hat Sönke verinnerlicht und findet daher nie richtigen Schlaf auf dem Schiff, es sei denn, dass er so kaputt von der Arbeit ist, dass ihm *das Hören und Sehen auch schietegal* ist. Die Gehilfen haben weniger Schlafprobleme. *Die waren noch gar nicht im Bett, da haben die schon geschlafen. Auf dem Schiff hab ich gekocht. Wir haben meistens immer abends gegessen. Dabei sind wir zu Anker gegangen. Auf dem alten Schiff hatten wir so einen kleinen zweiflammigen Gaskocher.*

Es gibt Fleisch mit Gemüse und Kartoffeln oder Eintopf, wenn sie über Nacht oder mehrere Tage unterwegs sind. Auf Tagestouren haben sie – der Kapitän und sein Helfer – Proviantkörbe mit Brot, Butter, Wurst und Schmalz dabei. *Die hatte uns meine Frau gepackt und mitgegeben.*

Notfälle und Unfälle

Die Arbeit an Bord bei unterschiedlichsten Wetterbedingungen ist schwer und auch nicht ungefährlich für die Mannschaft. Wenn das schwere Fanggeschirr bewegt wird, kann es sich verhaken, das Boot in Ungleichgewicht bringen oder das Netz kann in die Schraube geraten. In so einem Fall ist schnelles Handeln der oberste Grundsatz. *Da steht die Maschine. Anker werfen. Dann ist erstmal alles ruhig.* Das Schiff ist jetzt manövierunfähig. Mit großer Rohrzange wird versucht, die Antriebswelle rückwärts zu drehen. Gelingt das nicht, bleibt nur die Abschleppung in den Hafen durch ein anderes Schiff. Oder die kostengünstigere Lösung: Das Schiff aufs Watt schleppen und trockenfallen lassen, um vor Ort an die Schraube zu gelangen. Wenn ein Netz kaputt geht oder der Motor streikt, muss nach Möglichkeit an Ort und Stelle eine Lösung her. Ersatznetze und Ersatzteile sowie ein Schweißgerät gehören daher unbedingt zur Ausstattung des Bootes.

Immer wieder kommt es in der Krabbenfischerei vor, dass sich auf Fangfahrten Netze am Meeresgrund verhaken, der Motor ausfällt oder Leckagen entstehen. Im schlimmsten Fall gehen dadurch Besatzung und Schiff im Wattenmeer verloren. Tragische Fälle wie diese belegen die Gefahr:

Auf einer Fangfahrt im Oktober 1940 gerät eine Seemine in das Netz des Kutters von Gustav Laß. Der Eigner befindet sich an Deck, seine zwei Besatzungsmitglieder frühstücken gerade in der Kajüte. Niemand bemerkt etwas von dem unheilvollen Beifang, denn das Netz befindet sich etwa zwölf Meter vom Schiff entfernt unter Wasser. Die Detonation der Mine schleudert die beiden Männer in der Kajüte an die Decke und läßt den Eigner für einen Moment über dem Deck schweben. Fischerkollegen, die in der Nähe fischen, sehen, wie der Kutter mehrere Meter hoch aus dem Wasser schießt und wieder zurückfällt. Wie durch ein Wunder wird keiner der drei Männer ernsthaft verletzt. Sie können noch rechtzeitig von ihren Kollegen geborgen werden, ehe ihr Schiff samt Fanggeschirr im Meer versinkt.

12. April 1958
Fischkutter „Elsa" HUS 36, gekentert und gesunken
18. August 1958
Fischkutter „Ernst" HUS 37, gekentert und gesunken (Motorschaden, Leck)
1. Juli 1959
Fischkutter „Vorwärts" HUS 15, nach Wassereinbruch gesunken
20. September 1962
Fischkutter „Helene" HUS 10, Steuerbordgeschirr am Grund verhakt, Backbordschlagseite, gesunken
17. Juni 1982
Fischkutter „Liane" HUS 11, Verhaken des Netzes, gesunken; Bootsführer, Helfer und dessen Verlobte ertrinken, zwei mitfahrende Gäste überleben
4. April 1984
Fischkutter „Frisia", Netz verhakt, gesunken

Funkverkehr

Angesichts solcher Unfälle trägt Monika immer die Sorge mit sich, ob an Bord bei ihrem Mann alles in Ordnung ist. Wenn Sönke über Nacht draußen ist, telefonieren beide über Funk. Sönke über sein Bordfunkgerät und Monika am häuslichen Telefon. Die Verbindung wird über die Küstenfunkstelle Eiderstedt Radio hergestellt. Das ist ein festes Ritual und gibt beiden die Gewissheit, dass an Bord und Zuhause alles okay ist. Das lässt beide ruhig schlafen. Später wird der technisch umständliche Funkverkehr durch das Aufkommen der Handys einfacher.

Ich hab meine Frau jeden Abend angerufen. Sie konnte an meiner Stimme gleich meine Verfassung erkennen. Sönke beschreibt einen typischen Dialog:

Monika: *Du hast noch nicht geschlafen.*
Sönke: *Ne, wir wollen ja fischen, nicht schlafen.*
Monika: *Du sollst das mal alles durchhalten.*

Manchmal hab ich auch gar nichts gesagt, außer: Wir kommen morgen früh rechtzeitg rein, wir fischen jetzt durch. Du musst ja was verdienen.

Fischersfrau

Was es für den Alltag und das Familienleben bedeutet, einen Fischer zu heiraten, dessen ist sich Monika damals als junge Frau nicht bewusst. *Das hab ich erst im Laufe unserer Ehe mitgekriegt, was ich da gemacht hab.* Auf einem schaukelnden Schiff wird ihr schnell unwohl und Fische zu schlachten kann sie sich nicht überwinden. Schwierig für sie ist, dass sie immer da sein muss, wenn ihr Mann nach Hause kommt. Auch ihr Leben ist daher tideabhängig. Und Sönke will, dass seine Frau da ist, wenn er nach Hause kommt. Nur einen Zettel vorzufinden, auf dem steht: *Das Essen ist im Kühlschrank, kannst dir warm machen.* Das ist nicht seine Vorstellung. Wenn er so lange draußen ist, möchte er ein freundliches Zuhause haben, das ihn willkommen heißt. Monika sieht im Wesen ihres Mannes viel Ähnlichkeit mit seinem Vater: Beide entscheiden alle wichtigen Fragen allein und zeigen eine gewisse Sturköpfigkeit. *Wir Frauen haben uns viel gefallen lassen. Aber jetzt nicht mehr. Das macht heute keine Frau mehr mit.*

Picknick und Kutterkorso

Einmal im Jahr gibt es bei den Krabbenfischern ein besonderes Ereignis, das als festes Datum im Kalender vermerkt ist. Es ist der traditionelle Kutterkorso, der anlässlich der Husumer Hafentage jeweils im August stattfindet. Die Fischer putzen ihre Schiffe heraus und schmücken sie prächtig mit bunten Fahnen und allerlei Verzierungen. Ausnahmsweise dürfen dann Gäste mit an Bord genommen werden, und die Kutterparade fährt zu einer kleinen Runde hinaus ins Wattenmeer. Beim Kutterkorso ist Ehefrau Monika immer dabei, ansonsten ist sie nicht gern an Bord. Jeweils im Sommer und einmal im Jahr macht Sönke einen Ausflug mit dem Kutter und lädt dazu Freunde und Bekannte an Bord. Monika bemerkt dazu: *Wir haben immer vorher den Wetterbericht gehört. Wenn es hieß, umlaufende Winde 1 bis 2, dann konnten wir los. Das war gut für mich.*

Über diese Ausflüge erzählt Sönke:

Im Sommer hab ich so Touren gemacht. Die ganzen Bekannten mit. Nach Westerhever gefahren. Trocken fallen gelassen, Grill mit. An Land. Dann hatten wir vier, fünf Stunden Zeit, haben schön gegrillt. Wir hatten Spaß, die Kinder sind da rumgeturnt. Das haben wir so einmal im Jahr gemacht. Wir sind mal nach Pellworm gefahren. Mit Stuttgarter Bekannten. Die hatten so'n herben Rotwein mit. Da hab ich mir Rotwein mit Cola gemischt - so was Herrliches! Und jedes Jahr wollten da mehr mit. Auf der Sandbank kamen Badegäste vorbei und kuckten, was wir da machen. Wir haben uns verfahren, haben wir dann aus Blödsinn gesagt.

Die „Edelweiß" – geschmückt für den traditionellen Kutter-Korso

Der zweite Mann

In der Krabbenfischerei sind zuverlässige Gehilfen unabdingbar. Ein Glücksfall ist es, wenn der Käpitän jemanden an seiner Seite hat, auf den er sich hundertprozentig verlassen kann und der ihm über Jahre die Treue hält. Wenn im Dezember die Saison zu Ende ist und der Helfer abmustert, klärt der Kapitän möglichst gleich, ob dieser im kommenden März wieder bei ihm anmustern will. In der Regel bleiben die Gehilfen mehrere Jahre, und so wachsen Skipper und Gehilfe zu einem festen eingespielten Team zusammen.

Aber wenn der Gehilfe krank wird, dann hast du ein Problem. Dringend muss dann ein Ersatzmann her.

Das Schlimmste war immer im Herbst, wenn es kalt wurde. Dann willst du meinetwegen morgens um vier los - Helfer nicht da! Dann setzt du dich ins Auto und fährst zu ihm hin. Nö, ich hab keine Lust mehr. Dann musst du mit deinem Kutter liegen bleiben. Inzwischen fällt ja auch das Wasser. Dann musst du tagsüber erst mal einen suchen.

Zu dieser Misere ergänzt Sönkes Frau Monika: *Andere konnten sich immer auf ihre Helfer verlassen, Sönke konnte das nicht. Er hatte Angst, die schlafen ein. War auch ein gebranntes Kind.*

Die später üblichen mehrtägigen Fangfahrten werden für Sönke auch deshalb sehr anstrengend, weil er aus Sorge um das Schiff keinen ruhigen Schlaf finden kann. Sönke erzählt von einer nächtlichen Fangfahrt, bei der er sich eine kleine Portion Schlaf gönnen wollte und seinen Helfer anwies, strikt Kurs Richtung Mond zu halten und ihn nach zwei Stunden zu wecken. Bereits nach einer Dreiviertelstunde weckte ihn der Helfer und sagte: „Ich bin am Mond vorbei, wohin soll ich jetzt steuern?" Offenbar war er selbst am Ruder eingeschlafen, sodass der Kutter vom „Mondkurs" abkam.

Familie an Bord

Der September ist in der Krabbenfischerei ein besonders einträglicher Monat, denn im Spätsommer treibt es die Garnelen zahlreich ins nordfriesische Wattenmeer. Zudem sind sie dann zu passabler Größe herangewachsen. Diese Zeit gilt es zu nutzen, um durch gute Fänge eine schöne Jahresbilanz einzufahren. Doch ausgerechnet an einem solch fangträchtigen Septembertag stand Sönkes Helfer nicht zu Verfügung. Allein konnte er mit seinem Kutter nicht hinausfahren. Er konnte auch nirgendwo einen Ersatz auftreiben. Da blieb nur noch eine Lösung: Die eigene Frau musste einspringen.

Monika war von dieser Idee überhaupt nicht angetan. *Ja, kann ich das überhaupt?*, war ihre berechtige Frage. Aber Sönke beruhigte sie; er würde ihr schon zeigen, wie und was zu tun war. Sie kannte die Arbeit an Bord nicht, war zudem nicht wirklich seefest. Schon bei geringem Wellengang wurde ihr übel, und so war sie als als Aushilfe nur bedingt einsatzfähig. Nur bei ruhiger See und Windstärken zwischen eins und zwei würde sie einen Fuß an Bord setzen. Aber der Wetterbericht versprach beste Bedingungen, so dass Monika – mit Stiefeln, Gummihose und Kopftuch bestückt – ihren ersten und einzigen Helferdienst an der Seite ihres Mannes auf dem Kutter antrat. Ihren jüngsten Sohn, den vierjährigen Torben, hatten sie auch mit dabei, denn so schnell war niemand zu finden, der sich um ihn hätte kümmern können. Aber für den Kleinen wurde die Ausfahrt mit den Eltern, die über zwölf Stunden dauerte, ein einziges wunderbares Vergnügen. Als Sönkes Vater ihn einst das erste Mal ans Ruder ließ, war es für den Jungen ein so erhebendes Gefühl, machte ihn so stolz. Auch seinem kleinen

Sohn erlaubte Sönke auf dieser Fahrt, sein Schiff ganz allein zu lenken. Es machte ihn glücklich zu sehen, mit welchem Eifer der Vierjährige sich der Aufgabe widmete und wie das Gesicht seines Jungen dabei strahlte.

Der vierjährige Torben allein am Ruder

Sönke, dessen Fischerberuf ihm so wenig Zeit für seine Familie ließ, und die er oft auf den langen Fangfahrten vermisste, hatte sie nun – durch die Umstände erzwungen – an seiner Seite. Es war ein schön Gefühl, seine Frau und seinen Sohn hier auf dem Meer bei sich zu haben. Er wusste wohl, dass das ein einmaliges Ereignis sein würde und genoss es um so mehr.

Monika schaufelt den Fang auf das Rüttelsieb

Sönke zeigte Monika, was zu tun war, und sie bewies, dass sie anpacken und ihm eine gute Helferin sein konnte. Bei schwierigen Einsätzen mit dem Fanggeschirr übernahm der Kapitän und Monika wechselte – nach entsprechender Einweisung – ans Ruder. Das Ehepaar wuchs in der kurzen Zeit zu einem guten Team zusammen, und die gemeinsam eingeholten, ausgelesenen und gekochten Krabben füllten viele Kisten und brachten eine schöne Tageseinnahme.

Fischerball und Weihnachtsfeier

Auch Fischer feiern gern. Feste werden oft in den Winter, in die fangfreie Zeit, gelegt.

Fischerball war jedes Jahr der letzte Samstag im Januar im Handwerkerhaus. Wurde ne große Band bestellt, von den Fischerfrauen wurde der Saal geschmückt. Es gab auch eine Tombola. Um 20 Uhr ging es los bis morgens um fünf! Manchmal waren wir über zweihundert Personen, da musste manchen abgesagt werden. Waren bis zu zweihundertdreißig Leute da. Erschienen sind wir in Ballgarderobe. Die Fischer haben getanzt – wie die Wilden! Aber von Jahr zu Jahr schrumpft die Zahl der Fischer. *Zuletzt waren nur noch sieben oder acht Fischer da.* Und so endet eines Tages die winterliche Ballsaison für immer.

Beibehalten bis heute wird aber die Weihnachtsfeier, die der Fischerverein alljährlich am 1. Advent im Osterkrug im Osterende veranstaltet. An diesem Tag kommen alle gern zusammen: Die Fischerwitwen, die Altfischer und ihre Ehefrauen, auch einige jüngere Fischer. Aber die Zahl der Teilnehmenden schrumpft auch hier stetig, gibt es doch auch nur noch wenige aktive Krabbenfischer.

Krabbenhandel und -verarbeitung

Krabben zu fischen ist eine Sache, sie zu vermarkten eine andere. Für die Fischer stellt sich immer wieder die Frage, wie und bei wem sie ihre Fänge am besten vermarkten können. Sie besitzen nicht die Zeit und notwendigen Kenntnisse, um sich darum zu kümmern. Zwar eröffnet Claus Laß II schon bald nach seiner Übersiedelung nach Husum in der Wasserreihe einen Krabbengroßhandel, aber die immer größeren Anlandungen der wachsenden Kutterflotte kann der kleine Betrieb nicht bewältigen. Kaufleute treten auf den Plan, die sich der kleinen Meerestiere annehmen.

Anlieferung frischer Krabben bei der Husumer Konservenfabrik (1956)

Bis in die 1960er Jahre bleibt der neue Wirtschaftszweig in den Händen hiesiger Handelsunternehmen. Sie verdienen bereits mit anderen Gütern ihr Geld; Krabben sind für sie zunächst nur ein Zubrot. Koch & Co., Nachtigall, Loof und Uhr & Co. handeln mit Kohlen und Heizöl, nun kaufen sie auch Krabben auf und verarbeiten sie für den Frischverkauf und zu haltbarer Konservenware.

Bevor sie in die Dosen gelangen, müssen sie in Handarbeit aus ihrer Schale gepult werden. Dafür beschäftigen die Händler zahlreiche Frauen, die diese Aufgabe in Heimarbeit erledigen.

Krabbenpulen in Heimarbeit

1992 tritt in Deutschland ein Verbot der Heimentschälung in Kraft. Das führt zu einem grundlegenden Wandel der Krabbenverarbeitung. Nun werden die Krabben in Kühllastern nach Polen und Marokko geschickt und dort in fabrikähnlichen Hallen unter strengen Hygieneauflagen von Hand gepult. Anschließend gehen die Krabben wieder ins Herkunftsland zurück. Neunzig Prozent der deutschen Fänge werden inzwischen exportiert, nur ein Zehntel kommt auf den heimischen Markt.

In den 1960er Jahren, als immer weniger Haushalte Kohlen nachfragen, funktioniert das Geschäftsmodell der Husumer Händler nicht mehr. Das Krabbengeschäft allein sichert ihnen keine ausreichende Existenz, und so geben nach und nach Händler auf oder suchen sich neue Geschäftsfelder. Um weiterhin ihre Krabben absetzen zu können, gründen die Fischer eine Genossenschaft, die die Vermarktung ihrer Fänge übernimmt. In den 1970er Jahren drängen holländische Fischgroßhändler massiv auf den deutschen Markt.

Der damals größte Garnelenverarbeiter Europas, die niederländische Firma Heiploeg, ist hier bald der Platzhirsch. Und er weiß seine neuen Kunden zu „pflegen": Im Winter, wenn die Fangsaison vorüber ist, lädt er die Fischer samt Ehefrauen zu Wochenendausflügen ein, etwa ins Sauerland oder nach Holland zu einer Betriebsbesichtigung, zahlt Fahrtkosten, Hotel und alle Spesen. *Und wir kriegten Weihnachtsgeschenke. Ne bemalte holländische Kachel, ne „goldene" Krabbe als Anstecknadel*, die sich Sönke bei feierlichen Anlässen auch immer ansteckt. Solche Einladungen sind eine willkommene Abwechslung bei den Fischersleuten. *Wir haben uns immer gefreut. So im Februar ging das los.*

Die holländischen Unternehmen Heiploeg und Klaas Puul beherrschen bald nahezu den gesamten Krabbenhandel. In Husum behauptet sich nur einer der früheren lokalen Händler. Ernst Loof, Kaufmann aus Tetenbüll auf Eiderstedt, ist in den 1930er Jahren Aufkäufer, Verarbeiter und Händler der in Tetenbüllspieker angelandeten Krabben. Nach dem Krieg zieht er mit seiner Familie nach Husum. Hier ansässige Fischer fragen ihn, ob er nicht wieder ins Krabbengeschäft einsteigen will. Zufällig ist es wiederum das Haus in der Wasserreihe 1, das einst die Familie Laß bewohnte und dort einen Krabbenhandel betrieb, in dem Ernst Loof 1949 sein neues Handelsunternehmen eröffnet. Zusätzlich handelt auch er noch mit Kohlen und Heizöl. Bald übernimmt sein Sohn Hans den Betrieb, später werden dessen Söhne in die Firma einsteigen und sie weiter ausbauen. Anfang der 60er Jahre zieht das Familienunternehmen ein paar Häuser weiter in ein ehemaliges Speichergebäude an der Kleikuhle, das bald darauf ein Fischfachgeschäft mit Fischimbiss beherbergt. Die Nordseekrabben sind im Verkauf nach wie vor die Nummer eins. Um deren Absatzmarkt zu erweitern beschicken die Loofs jahrzehntelang zwei Wochenmärkte in Lübeck. Im Laufe der Jahre verwandelt sich das Geschäft an der Kleikuhle durch Umbau und Erweiterung zu einem maritim gestalteten Restaurant auf zwei Ebenen mit integriertem Fischfachgeschäft. Hinter dem stimmigen Konzept stehen die Betreiber Gerhard Loof und Ehefrau Maren. Mittlerweile arbeitet auch schon die nächste Generation der Familie Loof, die beiden Töchter Jana und Christin, im Betrieb mit.

Obwohl die im Geschäft präsentierten Meeresfrüchte aus nahezu allen Weltmeeren stammen, sind die Nordseekrabben, die die Loofs ausschließlich von hiesigen Fischern beziehen, bei den Kunden so beliebt, dass sie den Hauptumsatz im Fischverkauf ausmachen. Kutter, Krabben und eine bunte Hafenmeile mit Restaurants, Cafés und Fischlokalen – diese Mischung aus Meeresbrise, lukullischen Genüssen und Entspannung zieht jedes Jahr Scharen von Besuchern an.

Das Husumer Fischhaus Loof an der Kleikuhle,
ehemaliger Standort der Konservenfabrik Nachtigall

Kein Nachfolger

Sönkes Sohn Torben fährt – wie er selbst einst bei seinem Vater – nun auch oft in den Sommerferien mit hinaus zum Fischen. Anfangs will er auch Fischer werden. Aber als er mitbekommt, dass es mit der Tagesfischerei zu Ende geht, ändert sich auch seine Meinung.

Mittlerweile konnte man von der Tagesfischerei nicht mehr existieren. Der wirtschaftliche Druck verlangt nun mehrtägige Fahrten, und unter solchen Bedingungen will Sönkes Sohn nicht arbeiten. Er entscheidet sich für einen Beruf mit regelmäßigen Arbeitszeiten, festem Einkommen und mehr Freizeit und lernt das Maler- und Lackiererhandwerk.

Heute sind in der geschrumpften Husumer Krabbenfischerei – weniger als zehn Kutter sind nur noch registriert – überraschenderweise überwiegend junge Leute dabei, kaum älter als zwanzig, fünfundzwanzig. *Ich ziehe meinen Hut vor denjenigen, die sich jetzt noch selbständig machen. Ich weiß ja, was da nicht nur an Kosten auf einen zukommt.*

Modernisierung

Die Krabbenfischerei beschert Sönke und seiner Familie – er hat inzwischen zwei Kinder – ein ausreichendes Einkommen. Es gibt gute und schlechte Fangjahre. Aber im Schnitt steht er gut da mit seinem kleinen Unternehmen. Er kann seinen Kapitaldienst, seine Steuern und Rechnungen bedienen und den Lebensunterhalt seiner Familie bestreiten. Doch die wirtschaftlichen Bedingungen in der Fischerei verändern sich ungünstig. Die Dieselpreise steigen rasant an und die Krabbenpreise gehen oft in den Keller. Das Verhältnis von Ausgaben zu Einnahmen gerät zusehends aus dem Gleichgewicht. Die Krabbenfischerei ist noch eine Tagesfischerei. Die Boote fahren täglich, außer am Wochenende, hinaus und kommen am gleichen Tag mit ihrem Fang zurück. Doch diese Praxis führt zu hohem Dieselverbrauch. Um diesen niedrig zu halten, müssten die Fischer weniger oft hinausfahren und länger fischen. Für solche mehrtägigen Touren wären auch Kühleinrichtungen an Bord notwendig, um die schnell verderblichen Krabben frischhalten zu können. Nach und nach gehen die Krabbenfischer deshalb dazu über, ihre Kutter aufzurüsten. Auch Sönke kann sich dieser Entwicklung nicht entziehen. 1991 baut er sein Schiff für mehrtägige Fangfahrten um.

Die „Edelweiß" erhält einen größeren Kühlraum und einen Lift. *Die Krabben haben wir nicht mehr runtergelangt, sondern wir hatten einen Fahrstuhl.* Unten im Schiff nimmt der Helfer die Kisten entgegen und verstaut sie im Kühlraum. Die Siebmaschine wird durch ein Trommelsieb ersetzt, *dadurch brauchte man nicht mehr so viel aussammeln, das hat die Trommel erledigt.*

Das neues Ruderhaus beherbergt jetzt eine Dusche, ein Spülklosett *(vorher haben wir auf dem Eimer gesessen)*, eine Küche mit Gefrierschrank, Spüle, Herd mit Backröhre und Mikrowelle. Frisch-Wasser kommt aus einem 1000 Liter-Tank. Die Erneuerung kostet statt veranschlagter 300.000 DM letztlich 390.000 . Das Schiff ist nun höherwertig und muss entsprechend höher versichert werden. Die finanziellen Belastungen steigen. *Also musstest du auch mehr fischen.* Die Modernisierung spart andererseits aber auch Arbeitskräfte ein, wodurch ein erheblicher Kostenfaktor wiederum kleiner wird. Manche seiner Kollegen fahren bereits sonntags raus und fischen mehrere Tage am Stück. Zwei Tage hintereinander mag sich Sönke noch gefallen lassen, aber nicht mehr. *Du brauchst auch mal 'nen Tag für dich. Das wäre dann der Sonntag gewesen.* Sönkes Vater verweigert sich diesem Wandel, bleibt in den letzten Jahren, bis er in Rente geht, bei der Tagesfischerei.

Die Regeln, die das Land Schleswig-Holstein, der deutsche Staat und die Europäische Union für die Fischerei vorgeben, mehren sich von Jahr zu Jahr und betreffen auch die Krabbenfischer.

Als ich die „Edelweiß" 1977 übernahm , kamen die Vorschriften. Mitnahme von Gammel wurde verboten. Vom Gammelerlös haben wir ja den Diesel bezahlt. Das fiel nun weg und damit fing die Misere an. Dann kam eine Verordnung, die eine Rettungsinsel und andere Dinge wie Feuerlöscher und Verbandkasten vorschrieb. Alle Jahre mussten die geprüft werden. Dadurch stiegen natürlich die laufenden Kosten, die wir zu tragen hatten. Allein die vorgeschriebenen Prüfungen kosteten alle paar Jahre an die zweitausend Mark.

Es gibt eine Menge laufender Kosten, die mit selbständiger Fischerei verbunden sind. Das Schiff, das eigene Leben zur Absicherung der Familie müssen versichert, in die Renten- und Krankenkasse muss eingezahlt werden. Dazu kommen Steuern und sonstige Abgaben.

Mein Vater sagte zu mir: Verzichte lieber auf ein Stück Brot, aber denk daran, dass du die Versicherung betahlst. Und jeden Monat an die Schwalben denken. Die sitzen da oben in der Ecke. Und jedes Monatsende halten die den Schnabel auf. Wenn du die gefüttert hast, dann kannst du erst leben. Ick wet nich woveel Schwalben du hest. Damit meint sein Vater Schulden und Rechnungen.

Die Unterhaltung des Schiffes und dessen technischer Ausrüstung verschlingt das meiste Geld. Alle paar Jahre kommt der Kutter in den Wintermonaten auf die Werft zur Überholung. Es ist die Zeit, in der die Krabbenfischer ohnehin so gut wie nichts verdienen. *Man musste also schon 50.000 Mark auf dem Konto haben, damit du den Winter überlebst.*

Selbständige Krabbenfischer tragen eine hohe finanzielle Last. Sie arbeiten viel, die Arbeitszeiten wechseln tidebedingt ständig, und es bleibt wenig Zeit übrig für das Familienleben.

Sönke spürt immer mehr Druck und Unfreiheit in seinem Beruf. Und die Beobachtung und Reglementierung durch andere: Fischereiaufsicht, Wasserschutzpolizei, Berufsgenossenschaft, Gewerbeaufsichtsamt, Lebensmittelkontrolle. *Fünf Beamte auf einen Fischer. Dies musst du machen, das musst du machen. Wovon das bezahlt werden soll, spielt keine Rolle.* Immer mehr teure Technik wird an Bord vorgeschrieben. *Und geht die Elektronik kaputt, musst du das selbst bezahlen. Früher hattest du so'n schönen Zwölf- bis Fünfzehn-Stundentag. Einige haben fünfundzwanzig Stunden aus dem Tag gemacht, weil sie die Mittagsstunde durchgefahren haben. Ist lächerlich, aber war so.*

Ausstieg

Wir haben zwischen achtzig und hundertzwanzig Stunden in der Woche gearbeitet. Das Wochenende bleibt zunächst noch arbeitsfrei. Doch ab Sommer 1997 wird auch das Wochenende in der Husumer Krabbenfischerei aufgegeben. Nun wird auch an Sonnabenden und Sonntagen gefischt. Viele Krabbenfischer sind nun von Sonntag bis Mittwoch auf See und bringen bis zu 2,5 Tonnen Krabben nach Hause. Am drauf folgenden Tag geht es wieder los. Sönke hasst diese Umstellung, die körperlich immer mehr abfordert.

Dann sind wir montags um vier, fünf Uhr rausgefahren, und dann siehst du vor dir so'n Mast. Ein anderer Fischer hat da schon alles vor dir abgekleit. So'n Hals kriegst denn. Nützt ja nichts, du musst ja weitermachen. Das ging schon die letzten Jahre so. Da war das Maß dann irgendwann voll, und du hast dann tatsächlich spekuliert, es gibt ja auch was anderes. Meine Frau wollte das auch nicht mehr. Man wird ja auch älter. In den letzten Jahren wird immer deutlicher, dass er den harten Arbeitsbedingungen nicht mehr so gewachsen ist wie früher. *Am Ende der Fangsaison bin ich nach Hause gekommen und hab zu meiner Frau gesagt, ich will das Schiff verkaufen.* Er hat diese weitreichende Entscheidung mit sich allein ausgemacht. Und sie dann seiner Frau präsentiert. Monika kommentiert dies so: *Er trifft gerne Entscheidungen und erzählt das hinterher.* Sie nimmt seinen Entschluß mit Skepsis und Sorge auf. *Willst du das wirklich machen? Aber was kommt dann?* Sönke hat keine Antwort darauf. Er ist sechsundvierzig und kennt nur die Krabbenfischerei. Was ist, wenn er keinen neuen Job findet? *Dann hätte ich mir ein kleines Boot gekauft und erstmal weiter gefischt. Das war mein Plan B, damit wir nicht verhungern.*

Einst umfasste die Husumer Kutterflotte fast fünfzig Schiffe; heute sind es nur noch wenige (Aufnahme von 1955)

Im Staatsdienst

Die Suche nach Arbeit und das Abfassen von Bewerbungen ist für den Fischer absolutes Neuland. *Wie schreibt man heutzutage eine Bewerbung? Ich hab nie eine Bewerbung geschrieben, ich bin gleich bei meinem Vater angefangen. Da hab ich meine Kollegen gefragt, wie schreibt man eine Bewerbung. Ich war 46. Da fang man mal an und schreib ne Bewerbung. Dann hab ich mich hingesetzt und eine Bewerbung geschrieben.* Bei drei Stellen bewirbt er sich: Beim Nationalparkamt als Ranger für den Nationalpark Wattenmeer, beim Marschenbauamt in Husum und beim Wasser- und Schifffahrtsamt in Tönning. Alle Stellen beschreiben Tätigkeiten, die mit dem Meer zu tun haben. *Wasser musste sein, bin ja kein Büromensch.* In der großen Seefahrt will er nicht anheuern, möchte seiner Familie nahe sein. Seit 1974 bewohnen sie ein neues, eigenes Haus in der Umgebung von Husum.

Nach zwei Absagen enthält die dritte Antwort eine Zusage. Sönke spricht von Glück, das er mal wieder hat, wie schon so oft im Leben. Das Wasser- und Schifffahrtsamt, eine Bundesbehörde, die neben zahlreichen anderen Aufgaben für den Betrieb und die Unterhaltung der schwimmenden und festen Seezeichen zuständig ist, lädt zu einem Vorstellungsgespräch in die Außenbezirksstelle Amrum ein. Diese ist zuständig für die Küstengewässer von der Halbinsel Eiderstedt bis zur dänischen Grenze. Zu dem Termin nimmt Sönke seine Frau mit auf die Insel. Nach zehn Tagen kommt der Bescheid: Er kann am 1. Dezember anfangen. Arbeitsort wird Amrum sein. Da er sein Schiff noch nicht verkauft hat, bittet er um Verschiebung des Antrittstermins. Über „Das Fischerblatt" hat er einen Käufer in Büsum gefunden.

Die letzte Fahrt

Noch einmal macht er seine „Edelweiß" zur Ausfahrt klar. All die Jahre war sie sein zweites Zuhause, hat alle Stürme und Gefahren mit ihm überlebt, hat die Existenz seiner Familie gesichert. Er kennt jede Ecke, jedes Teil ihrer Ausstattung, hat für ewig den Klang ihres Motors und ihr Stampfen im Wellengang im Ohr und lässt nun das Schiff noch einmal in vertrauter Weise übers Meer tuckern. Der Kapitän und sein Schiff, sie beide allein ohne Arbeitsauftrag.

Der neue Eigner aus Büsum, der zur Überführung in Husum auf das Schiff kommt, übernimmt nach kurzer Fahrt das Ruder. Sönke setzt sich nach hinten ins Schiff und erlebt wie ein nicht mehr Dazugehöriger die Ankunft seines Kutters am neuen Liegeplatz im Büsumer Hafen. *Das war ein blödes Gefühl als ich in Büsum von Bord ging. Vom Schiff hab ich mich nicht verabschiedet. Ich glaube, das hätte ich nicht überstanden.* Am Hafen wartet Monika mit dem Auto. Sie weint. Beide fahren ohne viel zu sprechen zurück nach Hause.

Amrum

Am 15. Dezember beginnt Sönke, der über sein bisheriges Arbeitsleben stets selbst entschieden hat, als Angestellter in seiner neuen Dienststelle auf der Insel Amrum. Er ist „nautischer Springer" und wird mal hier, mal da eingesetzt. Es ist ein Fünf-Tage-Job von Montag bis Freitag. Eine tägliche Anfahrt von Husum aus ist nicht möglich, daher lebt er in der Zeit mit anderen Kollegen zusammen auf einem Wohnschiff. *Überall, wo ich gebraucht wurde, wurde ich eingesetzt.* Die Außenstelle des Schifffahrtsamtes hat verschiedene Spezialschiffe im Einsatz, etwa Tonnenleger sowie große und kleine Transportschiffe. Wenn ein Steuermann oder Kapitän erkrankt oder Urlaub macht, hat Sönke seinen Einsatz. Er fungiert als Maschinist, Kapitän, Decks-, Steuermann und sogar als Koch auf dem Tonnenleger „Johann Georg Repsold".

Im Sommer des folgenden Jahres wird er als Urlaubsvertretung nach Friedrichstadt versetzt und erhält das Kommando für das kleine Spezialschiff „Kaspar Hoyer", mit dem er überall auf der Eider und der Treene zu Transport- und Kontrollfahrten unterwegs ist. Auch auf anderen Schiffen arbeitet er als Maschinist, Steuermann, Decksmann und Schiffsführer. Wenn Stürme übers Land gehen, brechen oft Zweige von Bäumen an den Uferböschungen der Flüsse und gelangen ins Wasser, wo sie den Schiffsverkehr behindern. Bei Kontrollfahrten wird das Bruchholz aufgelesen und auf eine mitgeführte Schute geladen. Regelmäßig sind auch die Kilometersteine an den Flußläufen zu säubern oder neu zu streichen.

Die abwechslungsreiche, weitgehend selbständig auszuführende Arbeit auf den Flüssen und Kanälen mit freundlichen

Kollegen gefällt ihm gut. *Herrlich war das.* Soviel Neues und Interessantes in so kurzer Zeit *hab ich noch nie kennengelernt. Seine Kollegen in Friedrichstadt mögen ihn, fragen, „kann er nicht wiederkommen". Das war immer schön, wenn sie nach mir fragten.* Die Amrumer Crew ernennt Sönke spaßeshalber zum „König der Zwerge", indem sie das Innenfutter seines Sicherheitshelms zu einer Krone formen und ihm auf den Kopf setzen. Die Männer um ihn herum sind alle recht hoch gewachsen und Sönke ist unter ihnen der Kleinste. *Das haben die dann fotografiert, das hing dann oben beim Chef im Büro an der Wand.* An diese Amrum-Episode erinnert er sich gern und ist wohl auch ein wenig stolz auf das Foto.

In seiner Amrumer Zeit beim Wasser- und Schifffahrtsamt meldet Sönke sich zu einer Sonderaufgabe, mit der er nach Feierabend sein Überstundenkonto erhöht und erhält als Lohn längere Wochenenden bei seiner Familie zu Hause. Es geht auf den Amrumer Leuchtturm, und es unerwartet ein traumhafter Job. Drei Monate lang hängt er stundenweise auf einer Arbeitsplattform außen am Leuchtturm und bearbeitet den alten Anstrich mit einem elektrischen Nadelhammer.

Der sollte neu gestrichen werden und da war ich ganz oben unter der Galerie in einer Gondel. Ich mochte da nicht runtergucken, Angst hatte ich auch ein bisschen. Aber es war trotzdem immer das Highlight für mich. Er genießt während der Arbeit die unvergleichlichen Ausblicke über die Insel, über den Strand und das Meer. Er sieht in der Ferne die vorbeiziehenden Schiffe und die Silhouette von Hörnum auf Sylt. Er fühlt sich da oben wie ein König und wie ein Vogel, der über diese maritime Szenerie seine Kreise zieht.

Neuer Arbeitgeber

Nach seinem Ausflug nach Friedrichstadt und seinen Flussfahrten ist Amrum wieder sein ständiger Arbeitsort. Doch die lange Trennung von der Familie und die ungünstigen Fährverbindungen von und zur Insel im Winter belasten ihn. Er hält nach einer besseren Lösung Ausschau. So wie damals auf dem Krabbenkutter telefoniert er auch jetzt jeden Abend mit seiner Frau.

Immer um halb elf. Da waren die Filme zu Ende, und wir hatten Zeit zum Sprechen. Sie sagte, die suchen einen nautischen Springer beim ALR (die Landesküstenschutzbehörde: Amt für ländliche Räume, 2008 umbenannt in Landesbetrieb für Küstenschutz, Nationalpark und Meeresschutz). *Dienstags fahren wir den Chef immer von Amrum nach Hörnum, und da hab ich von dort angerufen und da hieß es, Herr Laß, Sie brauchen nichts weiter sagen, Sie sind auf der Tagesordnung drauf, Sie kriegen von uns Bescheid.*

Im Juli 1999 tritt er seine neue Arbeitsstelle in Husum an. Von seinem Haus hat er nur sieben Minuten Fahrzeit bis zum Betrieb nahe der Husumer Schleuse. Er ist wieder nautischer Springer mit ganz unterschiedlichen Aufgaben und Einsatzorten. *Wo, war mir ganz egal, Hauptsache auf dem Wasser.* Er hat wieder dieses Glück, von dem er sagt, es sei ihm schon oft im Leben begegnet.

Auf der „Norderhever", einem Versorgungsponton mit Bagger an Bord, wird Sönke als Steuermann und Vertreter des Kapitäns festes Crew-Mitglied. Sein Arbeitsgebiet ist auch die hohe See. Dreimal im Jahr stehen groß angelegte Übungen zur

Ölbekämpfung an der deutschen Nordseeküste unter Beteiligung mehrerer Spezialschiffe auf dem Plan. Sie finden vor den Flussmündungen der Jade, Weser und Elbe, vor Helgoland und Sylt statt.

Versorgungsponton „Norderhever",
Sönkes einstiger Arbeitsplatz

Wiedersehen

Bei seinen zahlreichen Einsätzen an der Nordseeküste sieht Sönke öfter in der Ferne einen Kutter vorbeiziehen. Es ist seine „Edelweiß". Gänzlich weiß gestrichen hebt sie sich strahlend vom Blau des Meeres ab und zieht gemächlich ihre Bahn – jetzt ohne ihn. *Ich hab da nicht hingesehen. Da fällt dir dein Herz in die Hose.*

Die „Edelweiß" in neuem Gewand und mit geänderter Kennung. Seinen Namen behielt das Schiff

Sönke und Helmut

Im Frühjahr 2013 geht Sönke in den vorgezogenen Ruhestand. Er hat mehr Lebenszeit auf dem Wasser verbracht als mit seiner Familie. So oft und lange von seiner Familie weg sein zu müssen, war für ihn nicht leicht. Jetzt möchte er ein geruhsameres, beständigeres Leben haben, einfach nur zu Hause sein. In seinem schönen, in auffallendem Rot mit weißen Randungen angestrichenen Eigenheim, das nur wenige hundert Meter hinter dem schützenden Nordseedeich liegt. Das Emblem vom Ruderhaus seines ehemaligen Schiffes, eine stilisierte Edelweißblüte, hat er nachfertigen lassen und über seinem Garagentor angebracht. Ein letztes Andenken an sein Schiff.

Das Meer ist nah, aber Sönke fährt nicht mehr hinaus. Dachte er jedenfalls. Doch sein drei Jahre jüngerer Bruder Helmut, ebenfalls Ruheständler, ist auch mit dem Fischer-Virus infiziert. Er hatte früher keine Ambitionen, Fischer zu werden und lernte den Schlachterberuf.

1996 – da ist Helmut bereits 42 Jahre alt – kauft er das acht Meter lange Schiff „Godewind" und steigt nebenberuflich in die Krabbenfischerei ein. Der Kutter erhält eine Fischerei-Nummer und sein Eigner damit eine Lizenz zum Krabbenfang und -verkauf.

Helmut auf seiner „Godewind"

In der Woche arbeitet er seinem erlernten Beruf als Schlachter, und am Wochende geht es nun gemeinsam mit Ehefrau Elke auf Fangfahrt ins Wattenmeer. Freitags übernimmt Bruder Sönke regelmäßig den Part von Helmut. Elke und ihr Ehemann besitzen beide einen Sportbootführerschein und sind damit berechtigt, das Schiff zu führen. Bald sind sie ein eingespieltes Team an Bord und genießen ihre Touren entlang der flachen Küstengewässer. Die Krabbenfischerei bietet ihnen Abwechslung vom Alltag, schenkt ihnen Naturschauspiele und besondere Erlebnisse draußen auf dem Meer, Freundschaften mit Fischerkollegen im Hafen und obendrein ansehnliche Nebeneinkünfte.

Helmut hat die Fischerei zwar nicht von der Pike auf gelernt, aber er weiß, wie er gute Fangplätze für Krabben ausmachen kann. Zur Probe taucht er einen selbst gebauten Kescher ins Wasser und zieht ihn ein Stück über den Meeresboden. Wenn er dann im Netz eine ziemliche Anzahl von Garnelen findet, beginnt er dort zu fischen. Anderenfalls sucht er mit seinem Kutter einen besseren Platz. Mit der Methode hatte er auch schon seinen Vater verblüfft, als er diesem riet, in der Husumer Au nahe der Dockkoogspitze zu fischen und sie dort tatsächlich einen unerwartet großen Fang machten. *Vun'nem Schlachter mütt wi uns seggen laten, wo de Krabben to finden sind*, kommentierte der Vater anerkennend die gute Spürnase seines Sohnes.

Zurück von der Fangfahrt gehen die gefangenen Krabben in den Verkauf. Den besorgt Elke direkt an der Hafenmauer im Außenhafen. Mittlerweile sind es schon über zwanzig Jahre, in denen sie hier frische, nicht konservierte Krabben verkauft. Ein zuvor an der Straße aufgestelltes Schild weist auf den

Verkaufsstand und dessen Öffnungszeit hin. Je nach Fangergebnis und Wetterlage verkauft Elke mal mehr mal weniger.

Aber ihre treuen Kunden, die der frischen Krabben wegen teilweise von weither anreisen, nehmen auch schlechtes Wetter in Kauf, um die begehrte Ware zu erstehen. Elke erinnert sich, dass einmal eine lange Käuferschlange von ihrem Stand bis zur Unterführung an der Straße reichte. Die Letzten in der Reihe schauten enttäuscht auf leere Kisten – alle Krabben waren ausverkauft. Bleiben bei geringer Nachfrage volle Kisten übrig, werden diese an Großhändler abgegeben.

Helmut und Elke vor ihrem mobilen Verkaufstand am Hafen

Für den Eigenbedarf nehmen sich Elke und Helmut auch immer Krabben mit nach Hause. Beide mögen sie die Garnelen immer noch gern und essen sie mal morgens, mittags oder abends, am liebsten zu Frikadellen verarbeitet, süßsauer in Gelee oder frisch auf Brot mit Mayonnaise oder zu Spiegeleiern.

Mit der „Godewind" fischt Helmut dreizehn Jahre lang. 2009 kauft er die größere „Nordstern", mit der er zusammen mit Bruder Sönke auf Krabbenfang geht.

Die Brüder Helmut (links) und Sönke auf dem Kutter „Nordstern"

Dass Sönke mit an Bord kam hatte mit einem Problem zu tun. Helmut besaß vorher das kleinere Boot und durfte mit Sondergenehmigung auf Krabbenfang gehen. Doch der Erwerb des größeren Bootes schuf ein Problem. Mit dem Bootsführerschein durfte er die „Nordstern" weder aufs Meer führen noch Fischfang betreiben. Helmut benötigte also, um weiter rausfahren zu können, jemanden mit Bootsführerberechtigung und Erlaubnis für gewerbliche Fischerei. Naheliegend war es, seinen inzwischen im „Ruhestand" lebenden Bruder Sönke zu fragen: *Hast du nicht Lust?* Sönke brauchte nicht lange zu überlegen – er hatte Lust. Er erinnert sich, wie es war, als er wieder auf Krabbenfang ging:

Es fühlte sich gut an. Du bekamst wieder sämtliche Sonnenaufgänge mit. Und wenn was kaputt ist, bezahlt mein Bruder das. Da hab ich nichts mehr mit zu tun. Und ich entlaste die Frau, gehe ihr nicht auf den Zeiger. Bin mal paar Stunden weg. Seitdem fahren wir gemeinsam freitags und sonnabends raus.

Er holt mich immer von der Südseite ab. Dann fährt er nicht nah genug an die Kante und meint, ich soll springen. Aber ich spring nicht, könnte mich verletzen. Aber das will ihm nicht in den Kopf. Dann fängt er an zu mosern ... Inzwischen ist er selber in dem Alter und sagt, du hast damals Recht gehabt; drei Handschläge hier und da, bin ich aus der Puste.. Bis zu zwölf Stunden sind wir draußen. Wenn wir weiter rausfahren auch mal vierzehn Stunden. Mit dem kleinen Boot sind wir nicht so schnell, fahren zwei Stunden raus und zwei Stunden rein. Die besten Fänge machen wir September, Oktober bis Mitte November, dann flaut es wieder ab. Auch im Frühling von Mitte März bis April/Mai haben wir oft gute Fänge. Wir sagen immer, wenn der Flieder blüht, beginnt die schlechte Zeit. Das ist auch so. Wenige Krabben, das Wasser ist grün. Wir fahren trotzdem raus.

Beide ziehen sich gern gegenseitig auf, haben ihren Spaß dabei. Sönke meint, sein Bruder ist in seinem Wesen genau wie sein Vater. Dabei vergisst Sönke, dass seine Frau Monika findet, dass er selbst in vielem seinem Vater gleicht. Die beiden Brüder wiederholen das, was bereits ihr Vater und dessen Bruder praktiziert haben. Auch sie sind als Rentner noch oft zum Krabbenfischen gemeinsam rausgefahren. Bei ihren letzten Touren waren sie nicht mehr allzu jung. Ihr Vater, Claus Laß, war 77 und dessen Bruder Gustav 84, als sie 1996 immer noch auf Krabbenfang gingen.

Sönkes Onkel Gustav (links) und sein Vater Claus Laß
fischten noch lange gemeinsam – hier auf einer Fangfahrt 1996

Aber Sönke will die Geschichte seines Vaters und seines Onkels nicht nachahmen. Wenn er fünfundsechzig geworden ist, soll mit der Krabbenfischerei endgültig Schluss sein.

Natürlich bringt Sönke Krabben regelmäßig vom Kutter mit nach Hause. Sie sind fangfrisch und noch nicht mit Konservierungsmitteln behandelt.

Zu zweit oder zu dritt pulen wir die Krabben. Das Fleisch wird durch den Wolf gedreht. Zusammen mit Speck, Zwieback. Salz, Pfeffer, je nach Fleischmenge drei oder vier frische Eier, das wird alles vermengt. Dann kommt Monika ins Spiel. Sie formt die Frikadellen. Die frieren wird dann roh ein.

Einen Tag vor der Zubereitung kommt dann eine Portion in den Kühlschrank zum langsamen Auftauen. Außer zu Frikadellen verarbeitet werden im Hause Laß die Krabben gern auch frisch gepult auf einer Scheibe Butterbrot gegessen oder zur Krabbenpizza verwendet. Für deren Zubereitung ist Sönke persönlich zuständig.

Ehrung

Beinahe hätte es die Stadt Husum versäumt, ein Ereignis und die Menschen zu würdigen, die die kleine Hafenstadt so maßgeblich mit geprägt haben. 2016 war es genau vor hundert Jahren, als mehrere Büsumer Fischerfamilien aufbrachen, um in Husum eine Krabbenindustrie zu begründen. Was wäre diese Stadt ohne ihre Fischerflotte. Sie besäße zwar immer noch ihre Gallionsfigur Theodor Storm und einen schönen Hafen, aber ohne Fischer mit ihren Kuttern würde nicht nur eine schöne Silhouette am Meereshorizont fehlen.

Jemand machte die Stadt auf das besondere Datum aufmerksam, und so erhielten die Fischer doch noch die verdiente Würdigung. Vertreter aller noch verbliebenen Fischerfamilien wurden zu einer offiziellen Ehrung im Oktober 2016 ins Rathaus eingeladen: Sönke und Monika Laß, Thorsten Laß und Fabian Laß, Waltraut und Wilfried Linke, Inge und Hans-Gerhard Rohde sowie Susanne und Nico Sklorz – Vorsitzender des Fischereivereins Husum. Bürgervorsteher und Bürgermeister würdigten die Verdienste der Fischerfamilien für die Stadt und baten um Eintragung ins Goldene Buch. In dieses ehrenwerte Buch dürfen sich herausragende Persönlichkeiten der Stadt und besondere Gäste mit ihrer Unterschrift verewigen. Dessen Vorläufer im Mittelalter waren der Oberschicht vorbehalten, dienten als Adelsverzeichnisse. Nun sind es auch die Fischer, einfache, hart arbeitende Menschen, deren Namen sich in dem Werk wiederfinden. Und das ist gut so, denn allzu oft werden Mitbürger übersehen, die viel zum Wohl der Gemeinschaft und zur positiven Ausstrahlung der Stadt beigetragen haben.

Vermerkt sei noch am Rande, dass es Sekt zur Begrüßung, einen Imbiss und kleine Aufmerksamkeiten als Geschenke gab: Für die Männer einen Schlips mit Husumer Wappen, einen Anhänger, ein schönes Tuch für die Ehefrauen.

Vertreter der Husumer Fischerfamilien tragen sich in das Goldene Buch der Stadt Husum ein

Fischen für ein Krabbenbrot

Eigentlich wollten Sönke und sein Bruder Helmut die Krabbenfischerei endgültig an den Nagel hängen und ins wohlverdiente Rentnerdasein wechseln. Die Saison 2016 bis zum Spätherbst sollte ihre letzte sein, dann würde Helmut seine „Nordstern" verkaufen, und sie würden der Fischerei „ade" sagen. So war der Plan. Doch Helmut erhielt schon im Mai 2016 ein so gutes Angebot für seinen Kutter, dass er zuschlug und verkaufte. Damit war das Kapitel Krabbenfischerei schneller als gedacht zu Ende, und die beiden Brüder fuhren nicht mehr hinaus aufs Meer.

Beide spürten ihre Kräfte schwinden, die Arbeit an Bord wurde für sie immer beschwerlicher. Der Kutter musste gewartet, unterhalten, die Netze ausgebessert werden, und es gab hohe laufende Kosten. Zudem war Helmut bei harten Wetterbedingungen auch immer in Sorge um sein Schiff. Nun fiel mit dem Verkauf eine Last von seinen Schultern, aber auch Sönke konnte nun entspannt in die Zukunft sehen. Beide hatten jetzt viel freie Zeit zu Verfügung.

Ein halbes Jahr lang kamen sie mit der neuen Situation ganz gut zurecht. Für Sönke gab es manches am Haus und im Garten zu tun, Urlaube mit Frau und Familie waren nun auch leichter planbar, außerdem erledigte er noch den einen oder anderen kleinen Auftrag für noch berufstätige Fischerkollegen. Helmuts neuer Alltag sah ähnlich aus, aber er vermisste schon bald sein Krabbenbrot mit selbst gefangenen, ganz frischen Garnelen. Auch Sönke sehnte sich nach Krabben. Für ihn ist ein Krabbenbrot erst richtig gut, *wenn die Krabben beim Abbeißen vom Brot rieseln.* Mit anderen Worten: Die Brotscheibe sollte so üppig wie möglich mit leckerem Krabbenfleisch belegt sein. *Nicht so sparsam wie bei den gekauften Brötchen an den Fischständen!*

Es wird wohl nicht nur die Sehnsucht nach Krabbenbrot gewesen sein. *Es fehlte etwas,* sagt Sönke. Der Kutter, das Meer, das Einholen guter Fänge, die Atmosphäre da draußen.

Helmut kaufte sich kurzentschlossen ein kleines, 3,50 Meter langes Kunststoffboot, baute einen 5-PS-Außenbordmotor an und rüstete es mit dem notwendigen Fanggeschirr aus: Gaskocher, Handsieb und zwei Meter Fangnetz – alles so ausgelegt, dass eine Person ohne Helfer zurechtkommen konnte. So fuhr er wieder hinaus, um Krabben für das Abendbrot zu fangen. Gelegentlich nahm er auch Sönke mit an Bord, dem es aber unbehaglich auf dem kleinen Boot wurde. Für ihn war es eine „Nussschale". Einen Kutter sollten sie sich wieder zulegen, meinte Sönke; er würde sich auch beteiligen.

Von da an nahm auch bei Helmut der Gedanke Gestalt an, dass ein richtiges Schiff die bessere Lösung sei. Bedingung war jedoch, dass Sönke regelmäßig mit hinausfahren würde. Und das wollte Sönke nur zu gern.

Im Juni 2018 besichtigten beide in der kleinen Stadt Hemmor an dem Fluß Oste in Niedersachsen einen sieben Meter langen und zwei Meter fünfzig breiten Kutter und kauften ihn. Er passte von der Größe, hatte ordentliche Aufbauten aus Nirosta-Stahl und war für einen fairen Preis zu haben. Husum wurde nur sein neuer Heimathafen. Mehrere Monate arbeiteten die beiden Brüder an ihrem Schiff; sie reparierten, bestückten es mit Arbeitsgeräten und Technik, versahen es mit neuem Anstrich und gaben ihm einen neuen Namen. Im Frühjahr 2019 baten sie ihre Familienangehörigern, Freunde und Fischerkollegen zu einer Feier in den Hafen. Maeva, Helmuts Enkelin, wünschte dem Schiff allzeit gute Fahrt und taufte es auf den Namen „Asor".

Nach der feierlichen Taufe wird der kleine Kutter ins Hafenbecken gehievt

Die beiden Brüder werden wieder mit ihm auf Fangfahrt gehen, in vertrauten Gewässern fischen. Der Unterschied zu früher:

Die Krabbenfischerei ist nur noch ihr Hobby. Sie *müssen* nicht aufs Meer hinaus, um den Lebensunterhalt ihrer Familie zu sichern – sie fahren nur, wenn es passt und es ihnen Spaß macht.

Danke ...

... Sönke und Monika für eure Freimütigkeit und Geduld, und dass ihr euch auf das kleine Erzählprojekt eingelassen habt. Es hat mir Freude gemacht, euch kennenzulernen und so intensiv und persönlich aus dem Leben eurer Familie zu erfahren.

... Helmut, dass du den Kontakt zu deinem Bruder für mich hergestellt hast und dafür, dass ich auf deinem Boot sein durfte. Das erste Mal überhaupt auf einem Krabbenkutter. Es war ein besonderer Moment, den schwankenden Boden eines Kutters zu betreten, das zweite Zuhause eines Fischers, das eine so große Bedeutung in eurem Leben hat.

.... Frau Ueck und Frau Keller vom Kreisarchiv Nordfriesland für die freundliche Unterstützung bei meinem Vorhaben und die Erlaubnis, mehrere Fotos aus dem Archivbestand in diesem Band zu veröffentlichen.

Bildnachweis

Hans Hoffmann/Kreisarchiv Nordfriesland:
Seite 24, 25, 30 und 63
Walther Nehm/Kreisarchiv Nordfriesland: Seite 32 und 83
Heike Klein, Husum: Seite 110
Fischereigenossenschaft Husum: Seite 114
Jan Urthel, Friedrichskoog: Seite 100
Jürgen Dietrich, Husum: Seite 107
wikipedia.org: Seite 10 und 12
Familie Loof: Seite 86
Autor: Seite 58, 93, 101, 105 und 113
Helmut Laß: Seite 102 und 104
alle übrigen Bilder stellte freundlicherweise
die Familie Laß zu Verfügung

Anhang: Bilddokumente

Die folgenden Aufnahmen stellte freundlicherweise das
Kreisarchiv Nordfriesland in Husum zu Verfügung.
Es sind Arbeiten der Fotografen Hans Hoffmann
(1911 – 2002) und Walther Nehm (1914 – 1988).
Sie haben die Husumer Hafenszenerie im Verlauf mehrerer
Jahrzehnte in zahlreichen, stimmungsvollen Bildern festgehalten. Insbesondere ihre Aufnahmen aus den 1950er
Jahren zeigen eindrucksvoll, wie sehr seinerzeit die
Krabbenfischerei das Hafenleben prägte.

Anfang der 50er Jahre gehen viele Husumer Fischer noch mit kleinen Holzbooten auf Krabbenfang (Nehm, 1953)

Unten: Einige Jahre später sind sie verschwunden; nun beherrschen die großen motorisierten Kutter die Szene (Hus 28; Hoffmann, 1960)

Oben: Kutter im „Trockendock" (Nehm, 1955)
Unten: Krabbentransport auf zweirädriger Karre (Nehm, 1955)

Ausladung der Krabben (Nehm, 1957)

Unten: Die frischen Krabben locken einen aus Süddeutschland angereisten Feinschmecker-Club nach Husum (Nehm, 1953)

Die Kinder der Fischer versammeln sich gern am Hafen, wenn die Kutter von ihren Fangtouren zurückkehren (Nehm, 1959)

Unten: Der Nachwuchs arbeitet in den Schulferien oft schon tatkräftig an Bord mit (Nehm, undatiert)

**Die leckeren kleinen Meerestiere und die Hafenatmosphäre
ziehen immer wieder Schaulustige an (Hoffmann, 1960)**

Während Hafenbesucher den Fang begutachten, versammeln sich die Fischer zum Klönschnack (Hoffmann, 1960)

Heimkehrende Kutter passieren die Dockkoogspitze
(Nehm, 1958)